宏观经济理论的新视野

宏观经济的
唯物主义亚宏观方法论

朱玉璋 著

经济日报出版社

图书在版编目（CIP）数据

宏观经济的唯物主义亚宏观方法论／朱玉璋著．—
北京：经济日报出版社，2019.8
ISBN 978—7—5196—0572—8

Ⅰ．①宏… Ⅱ．①朱… Ⅲ．①宏观经济学—方法论
Ⅳ．①F015

中国版本图书馆 CIP 数据核字（2019）第 152017 号

宏观经济的唯物主义亚宏观方法论

作　　者	朱玉璋
责任编辑	付秋霞
出版发行	经济日报出版社
社　　址	北京市西城区白纸坊东街 2 号 A 座综合楼 710
邮政编码	100054
电　　话	010—63567684（总编室）
	010—63538621　63567692（发行部）
网　　址	www.edpbook.com.cn
E — mail	edpbook@sina.com
经　　销	全国新华书店
印　　刷	北京建宏印刷有限公司
开　　本	710×1000 mm　1/16
印　　张	12.25
字　　数	155 千字
版　　次	2019 年 7 月第一版
印　　次	2019 年 7 月第一次印刷
书　　号	ISBN 978—7—5196—0572—8
定　　价	42.00 元

目　录
CONTENTS

序　言

经济者，国之大事，不可不深察也。因为经济不景气，有多少王朝被推翻，有多少国家发生内乱，有多少政府垮台，有多少总统总理不能连任！

在现行宏观经济理论指导下，世界主要经济体保持了几十年的稳定发展时期，没有再出现二战以前那样剧烈的经济危机。但是，低烈度的金融危机时有发生，有的经济体增长乏力。长期以来，面对经济过热、金融风险等问题，经济学家们一直争论不休。20 世纪六七十年代，世界主要经济体出现“滞涨”问题，凯恩斯主义束手无策，既无法解释“滞涨”现象，也无法解决“滞涨”问题。这说明：现行宏观经济理论不能对经济实践问题给出准确答案。

本书运用唯物主义的方法，从经济之树“根部”着手，逐步分析与推导，打开了宏观经济管理的新视野。本书主要分为三部分，第一部分是本书的基础，主要阐述各种产品之间的匹配关系和产品与货币之间的匹配关系的原理，及如何测定匹配关系的优劣，包括实物循环、货币循环等。第二部分是宏观经济的亚宏观管理方法，主要阐述如何监测宏观经济运行、如何定量调整经济政策，及包括哪些手段。这两个部分，构成了一个完整的理论体系，并且，为解决现实经济问题提供具体方法。这一理论体系是独创的，在其他资料里没有出现过。

第三部分是更深一层的问题，包括 GDP 增速和宏观效率。在 GDP 增速部分里，从理论上推导出 GDP 增速应该是多少，回答了高增速与经济过热之间的关系。在宏观效率部分，运用宏观效率的理论，深刻分析现实经济现象。在顺序上，该部分是放在上述两部分之间的。这样，有利于对亚宏观方法的理解。

本书不但理论完整，而且，深刻回答了许多现实中的经济问题。除上述 GDP 增速、经济过热问题外，还有：为什么要大搞实体经济而抑制虚拟经济；货币在经济运行中的辅助地位；经济危机破坏经济运行的实质；经济中的“水分”；日本“失去的二十年”；中国能否越过“中等收入陷阱”等，都进行了深入分析与清晰回答。这些回答都是以前没有的。

本书除具有上述亮点外，还揭示了一些背后的经济规律。如书中推论：经济先进国家要等着后进国家追上来；富人要让利于穷人，等。这些深刻分析与独特结论，都是新创的。

2019 年 2 月 3 日

第 1 章　实物循环

在现实生活中，我们常常能看到一些物质在不断地变换形态，如粮食加工成面粉，面粉加工成饼干，等等。下面，我们看看它是如何循环的，这样的循环具有哪些规律。

1.1 实物

实物，是人类赖以生存的基础。自然界是由实物构成的：山川平原、空气与水、太阳月亮、土地矿藏、树木庄稼、汽车轮船、铁路机场、食物衣服、空调电脑、燃气电力，等等。

实物是实实在在的东西，由分子或原子组成，与精神相对的。实物有着自己的特性，即客观性：它们不能被凭空地生产出来，也不能被消灭，只能被改变存在形式。我们提出实物概念，就是为了凸显、强调它的这一特性。

1.1.1 财富

财富，是其所有者能够以此在现在或将来，直接或间接地满足所有者需要的、不可多得的东西。间接方式包括：以此为原料生产加工获得、以此通过交换获得，甚至有以此通过战争方式武力获得，等等。

自然界的一切，都正在被人类利用或将被利用，因此，对人类而言，都是财富（即便自然灾害，也在被逐步利用）。例如，地球是人类财富，因为它是人类不可多得的；人类的一切文明成果都是人类的财富。对于国家而言，荒山、海水、矿藏、古墓葬都是财富，但是，一般限于本国疆域以内。对于私人而言，住房、汽车、工厂都是财富，这些财富，一般都是人类的劳动成果，即产品。

主体分类不同，则财富范围不同。财富在国家与私人之间，存在着显著甚至是关键的差异。中国西部戈壁沙漠，无法利用于生产盈利，因而不能成为私人财富；但对于国家而言，可以当做核试验场，用于国防建设，是国家的财富。还有，人民币钞票，对于私人来说，持有就可以买回来自己需要的东西，因而是私人财富；而对于国家来说，只是印刷品，开动印刷机即可得，因而，不是国家财富。

从经济运行的角度看，不管是全人类，还是国家、私人，其财富的主要部分都是一样的，即人类劳动的成果——产品。没有产品，这个世界是没法想象的，人类也不成其为人类。

依据在经济运行中的作用、地位不同，财富可以分为三个层级：主体部分，包括粮食、住房、汽车、工厂等实物财富，因为人们首先必须解决吃、喝、住、行，然后才能从事政治、科学、艺术、宗教等活动。次级财富，在经济中占比较小，需求弹性小，对经济运行影响较小。包括（留着业余看的）图书、当代艺术品、文艺表演等精神产品；还有黄金、文物古董等，由于它们主要是满足精神需求，具有上述特点，因此，也属于此类。第三级间接财富，包括制度、科学技术等。在它们转化为生产力之前，对宏观经济没有影响，因此，其是可能影响经济运行的潜在因素。

实物与财富既相互关联，又有显著的不同。它们的范围，是交叉关系，既有重叠部分——主要是实物产品；也有分属的差异。如文艺表演，属于财富范围的精神产品，但不属于实物范畴；如空气，属于实物，但不属于国家或个人的财富。

1.1.2 产品

宏观经济管理者，关心的是经济财富。它是当前经济的组成部分，或者即将对经济运行产生影响。例如古董，由于它的价值，属于国家或整个人类社会，不应该出现买卖情况。在这种情况下，不会影响经济运行。这时，古董不具有经济性质。但是，在它出现交易，特别是在出现高频交易情况下，可能会影响经济运行，从而引起宏观管理者的关注，甚至进一步采取措施。这时，它就转化成具有经济性质的财富。

经济财富的主要部分是人类的劳动产品。产品具有这样的特点：一是同类产品可以被大量地制造出来。例如，近些年，手机受到普遍欢迎，那么，手机产量从无到有，逐年攀升。2017 年，中国全年手机产量达到 19 亿部。相反的，艺术品如绘画作品，它不能被批量生产，因此，它不属于一般产品。二是被广泛接受。例如，人们生产生活普遍需要的衣服、食物、车辆等，都是产品。相反的，如偶有报道的黄金马桶，它只能被极少数人接受，它的意义已经转化，它的性质已经远超经济层面，因此，它已经不属于一般产品。

产品，是宏观经济管理的主要对象。实物，主要指的是产品。

1.2 实物循环图

在经济运行中，实物是不断地循环的。下面就以环节多、用途广、流程长的钢铁产品为例，加以说明。第一步，从自然界开采铁矿石，铁矿石的主要成分是 Fe_3O_4。第二步，铁矿石投入炼铁炉，经过除氧，产出生铁。生铁大部分用于炼钢；小部分用于生产成品，常见的有：齿轮、曲轴、活塞、底座、铁管等。第三步，生铁经过降碳，即炼钢过程，生成粗钢。粗钢一般有钢坯和钢锭形态，如果用于连续生产，还有液态钢水。第四步，粗钢用于生产钢材，常见的有：长材，长材包括钢筋、钢轨等；扁平材即钢板，钢板包括硅钢片、马口铁等；管材即钢管等，钢管包括无缝钢管、焊接钢管。第五步，使用钢材，主要用于：钢结构厂房、建筑行业、造船、铁塔、机械等。在我们的生活中，处处有钢铁，大部分物什离不开钢铁，像自行车、汽车类，厨房中的灶具、碗盆等。第六步，钢铁产品经过消费或使用，以废品形式回收冶炼进入二次循环，或以垃圾形式进入自然界。概括起来，就是:（自然界）铁矿石→生铁→粗钢→钢材→进入使用环节→以垃圾形式进入自然界。

从实物形态看，以铁（Fe）为线索，从自然界中的铁矿石 Fe_3O_4，到铁（Fe），到钢，到钢制品，最后以废物形式回归自然界，构成一个封闭的实物循环。实物循环过程，见图 1–1。

除了上述这种大循环外，在同一种物质内也存在自身循环情况。在钢铁生产过程中，使用钢铁产品，比如，开采铁矿石使用采掘设备，炼铁炼钢中使用生产设备，还有使用的运输设备，都是由钢铁产品制造出来的。

此外，还有更小的循环，如发电厂用电，维持自身运转；收获的小麦，用于播种，等等。

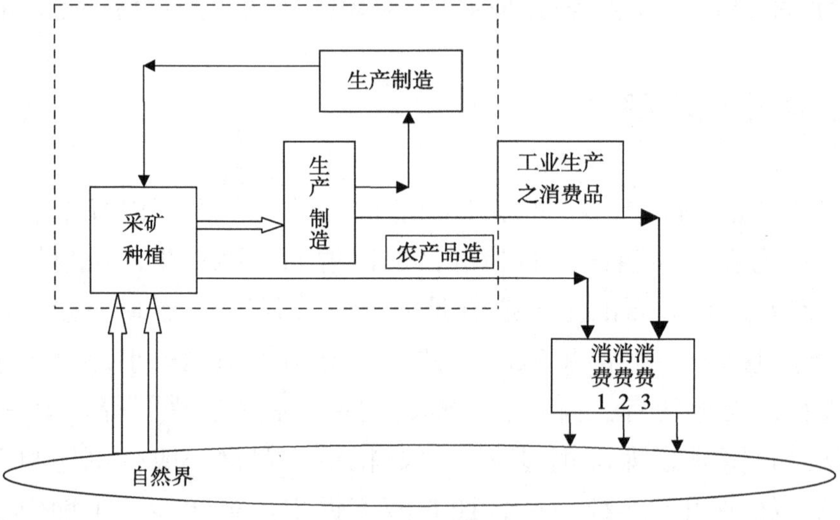

图 1–1　实物循环图

1.2.1 实物循环三个阶段

依据实物循环过程，我们可以从总体上把实物（产品）循环分为三个阶段：生产阶段、耗费阶段、资源阶段（自然界）。以轿车为例，从采掘铁矿石起算，到汽车下线为止，都属于生产阶段。从第一次使用起算，到该车报废为止，为耗费阶段。该车经过消费，失去原有功能，以“废品”或“垃圾”形态回归到自然界中，但是，它是未来的潜在资源，即产品进入资源阶段。

产品运动经此三个阶段，构成闭式循环。如图 1–2。

生产者们从自然界中取得原料，进行加工，制造出满足人们生活需要的产成品的过程，是生产阶段。这一阶段，对应着人类的全部物质生产活动。生产的主体，主要是厂商，他们为了赚取利润，购买生产设备与原材料等，通过组织、管理、经营，生产出半成品、产成品，销售产品获利。海量的各种各样的产品，不停流动，构成了生产阶段的实物循环网。

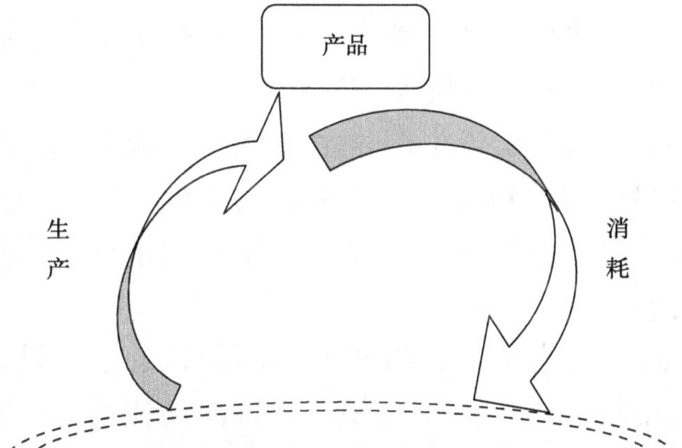

图 1–2　产品循环三个阶段

消费者取得产成品后，消费产品功能以满足自己需要的过程，是消费阶段。消费主体包括个人、家庭、政府组织，他们的行为不以盈利为目的。私人的消费行为是为了满足个人的需要，政府组织的消费行为是为了满足全社会的公共需要。大部分产品的消费阶段较短，如食物、汽油等。其他一些耐用产品，如汽车等，消费过程较长。

从实物循环的三个阶段可以看出，人类的物质生产活动，最终都是为了满足全社会的消费需求，即消费需求是物质生产活动的总目的。因此，长期看，消费需求是宏观经济运动的最终动力、根本动力、总动力。

由于生产技术的进步与社会分工越来越细，生产环节增多，涉及厂家众多，生产阶段实物总量庞大，实物循环呈网状分布，产品处于运动状态，且过程漫长。在生产阶段，厂家之间的产品流动关系复杂。因此，产品运动方程平衡是宏观经济调控的中心理论、主要内容。

一个具体的产品，包括半成品和成品，经过销售环节，进入耗费阶段（或称使用阶段）。即产成品，要么进入生产领域，要么进入消费领域。纵观人类经济史，随着人类生产技术的发展，产品进入生产领域的比重，越来越大，进入消费领域的比重逐步降低，且产品的种类和总量越来越大。

也有少数产品处于半生产半消费状态，如有私家车偶尔跑出租；农户养鸡所得的鸡与蛋。在今天的中国，分工与市场化程度很高，一种产品，既用于消费又用于生产的情况，在所有实物中所占比例极小。

有些产品如家庭轿车，虽然处于消费状态，但是，个别时候会重新进入市场，即二手车交易。常见的类似情况还有住房。近年来，中国政府多次调整二手房交易政策，目的是抑制囤积住房，避免住房再次进入实物循环，避免流入市场，从而促进商品房及早进入消费状态。

1.2.2 消费阶段

当产品进入消费阶段即持有者用于消费后，该产品退出交易市场，并且不会再进入实物循环，会“沉淀”下来。这时，该产品不会对市场产生影响。2016 年，中国宏观经济管理者将房地产去库存列入重点工作，主要有三项政策：一是农民工市民化，扩大有效需求。二是允许非户籍人口在就业地落户、买房，把公租房扩大到非户籍人口。三是鼓励自然人和各类机构投资购买库存商品房，成立房屋租赁厂商。由此可见，引导、刺激产品进入耗费阶段，是宏观经济调控的重要手段。在经济疲软时，中国政府加大基础设施建设规模，如 2008 年 11 月，推出 4 万亿投资计划，促进水泥、钢筋等大宗产品常态地流出实物循环阶段，进入耗费阶段，从而稳定实物循环，稳定经济增长。

产品的销售环节，是经济运行的关键环节，对其影响的因素多而复杂，而且，各因素是一直变动的。如某汽车产成品，其销售价格受各种原材料成本、人工成本、其他厂家产品竞争、新汽车技术等因素的动态影响，其销售样式、销售途径、销售成本也会受到动态影响。因此，产品的销售价格是诊断宏观经济运行状态的关键观测点、检视点，也是宏观经济管理措施的介入点。

1.3 产品流

各种产品，上游厂商源源不断地把产品供给下游厂商，我们可以形象地把它称为产品流。

1.3.1 厂商产品流

每一个生产厂家，都会有多种原料、设备、电力等原品流入，通过生产活动，制造出一种或多种产品，这些产品流出该厂商。如图 1–3。

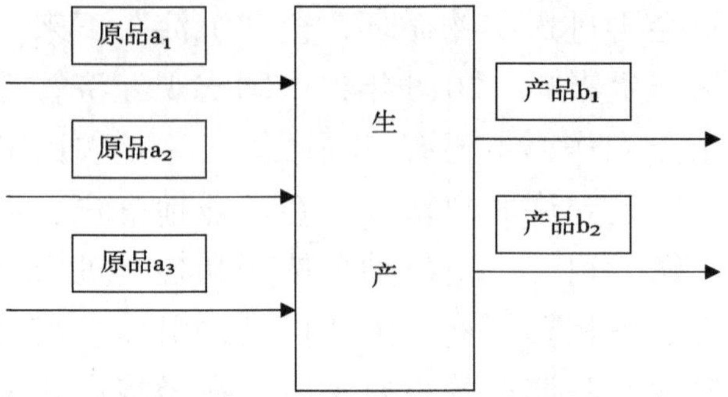

图 1-3　生产厂家利用原品生产出产品示意图

对于钢铁生产厂商来说，需要铁矿石、焦煤、电力等，我们称为原品；其产出钢材、副产品等是产品。

每个生产厂商，都会与另一个生产厂商发生供货关系。对于存在供货关系的两个厂商，如 A 厂商向 B 厂商供应钢材，他们之间的关系如图 1-4 所示。

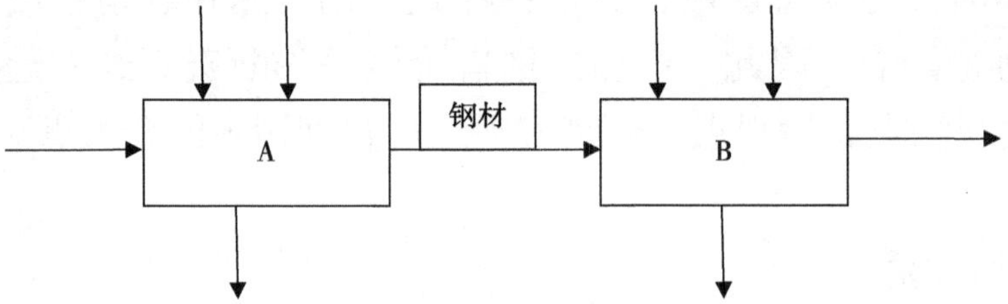

图 1-4　两个厂商供货关系示意图

在上图中，我们可以把 A 厂商、B 厂商看做节点，A 厂商叫流出节点，B 厂商叫流入节点；把管中流过的钢铁产品叫做流质；从节点 A 流向节点 B，可以视作流向。

我们把产品流的途径看作流管，因而可以形象地把产品流看作管流。如图 1-5 所示。

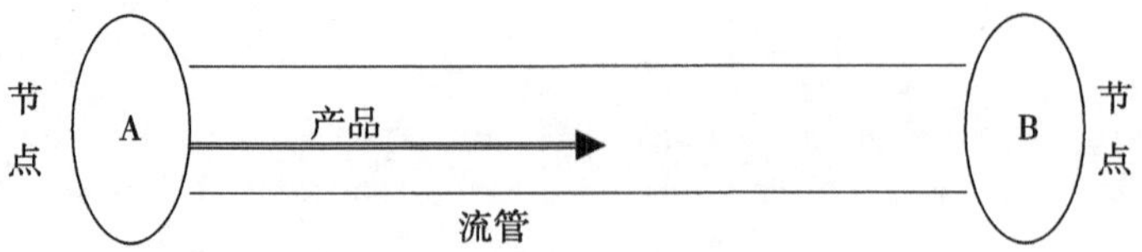

图 1-5　产品管流示意图

1.3.2 行业产品流

上面说的是厂商个体之间的产品流。我们可以进一步扩展，把同类各个厂商的产品流，予以合成，形成行业产品流。我们可以把上游行业、下游行业当作节点，可以称为行业节点。如钢铁生产行业向汽车生产行业供应钢材，我们可以把所有的钢铁生产厂商→汽车生产厂商的产品流，合成为：钢铁生产行业→汽车生产行业产品流，节点为钢铁生产行业节点与汽车生产行业节点。

如果我们要研究钢铁行业，可以把所有钢铁生产厂商的钢铁产品流，合成为：钢铁生产行业产品流，节点为：钢铁生产行业与（钢铁产品需求）市场。

大部分产品的流向是从上游行业流向下游行业，从生产阶段流向消费阶段。但有小部分产品形成环流，如钢材从钢铁生产行业，运动到采掘设备生产厂商，制造出采掘设备，采掘设备回流到铁矿石开采行业，从而形成钢铁环流。

行业产品流的流向与厂商产品流相比，前者比后者要稳定得多。在经济实践中，行业产品流的流向是由生产技术及社会分工决定的。由于技术进步是比较缓慢的，因此，产品流向是相对稳定的，变动周期较长。比如，在木船时代，伐木场向造船厂提供木材，经历几千年时间。1787 年，英国人建成世界上第一艘铁船，从此进入铁船时代，至今已有 200 多年，都是钢铁生产厂商向造船厂提供钢材。据有关抽样调查数据显示，中国民营厂商的平均寿命为 3.7 年，美国、日本中小厂商平均寿命分别为 8.2 年、12.5 年，欧美大厂商平均寿命为 40 年，日本大厂商寿命为 58 年。在厂商存续期间，由于经营变动，A 厂商供货给 B 厂商，很容易变为 C 厂商向 B 厂商供货。

1.3.3 产品流的流速

某段时间内流过产品的数量是流量，如中国 2014 年全年累计生产原煤38.7亿吨，2014年全年累计生产汽车2372.29万辆，全年累计销售汽车2349.19万辆。美国2014年全年累计销售汽车1692.8万辆。

单位时间内流过产品的数量是流速，如中国2014年平均每天生产汽车65000辆，平均每分钟有45辆汽车下线。2014年平均每天生产原煤1060万吨，平均每秒生产原煤123吨，如果用载重量8吨的卡车运输这些原煤，每秒钟至少要开出15辆这样的卡车才能运完。

在引进单价后，也可以用价格来表示产品流量，称为价格流量，如美国2014年全年销售汽车总价5388亿美元（汽车销售均价31831美元）。用单位时间的价格表示流速，称为价格流速，如美国平均每天销售汽车14.8亿美元，汽车销售商（集合）平均每分钟有102.5万美元进账。

在大部分时间里，各国GDP是逐步增长的。它反映在产品流速上，即流速是逐步增长的。但是，流速的陡然变化，会导致经济出现问题。一个节点的流速出现明显变动，就会对他相邻的节点产生影响，并不断向周围节点传递。但是，在传递过程中，其影响力越来越小。

对于每一个节点，都会有若干个流管与之相连。这样，整个实物循环化成一个网状管流循环结构。产品流的流向、流速都是变化的、动态的。

我们可以根据不同的需要，绘制不同的实物循环图。对于国家宏观经济管理来说，以行业为研究对象，可以以行业为节点来绘制实物循环图。这样，钢铁生产业与汽车制造业就是实物循环图中的两个节点，并且，直接相连成流管，流质是钢铁产品。对于微观经济管理来说，以厂商为研究对象，以厂商为单位来绘制实物循环图。某钢铁生产厂商A向某汽车制造厂商B提供钢铁产品，那么，A和B成为实物循环的节点，流质为钢铁产品，流向为A→B，A、B之间形成流管。 某一种产品在生产的实物循环不同环节之间的平衡，也可以表达为某种产品在厂矿正常生产状态下对应的产量与以其为投资品的厂矿在正常生产状态下的消耗量相等，或与消费量相等，或与这二者之和相等。①在生产领域，某种产品的产出流量 = 下一环节的原品流量，例如，铁矿石的产量要与钢铁冶炼的铁矿石原料消耗量相等。②在生产 – 消费领域，某种产品的产出流量 = 消费流量，例如，纯净水的产量要与消耗量相等。③对于某些品种的产品而言，既部分以资产的形式投入生产，又部分用于消费，则，某种产品的产出流量 = 消耗量＋消费量。从总体上看，即各种产品实际数量之间的比例与各厂矿（生产主体）在正常生产状态下对应的各种产品产量之间的比例相等。

1.4 实物（产品）的客观性

产品如一辆轿车，一旦制造完成，其样式、效用等是确定的。如果要试图改变这些特征，就要付出重大成本，甚至改造成本要超过产品本身价格，并且要等待一定的时间长度。例如，想把一辆轿车改装成坦克，或者把一辆坦克改装成轿车，几无改装价值。我们称之为实物的客观性。实物的客观性，决定了产品在厂商生产、经营与宏观经济管理等各环节具有如下特性：

一是高效性。每种产品都有自己的设计用途，产品在设计的工况条件下，具有工作高效性。产品在运动过程中，即经过逐步加工，其效用逐级提高。表现在产品如工具，特别合手，特别好用，用起来特别舒适。例如农业产出粮食，直接食用可以充饥。粮食加工成馒头，口感更好，更适于消化吸收。又如房子，上顶有盖不漏雨，四周有墙不透风即是房子，简易的有窝棚、茅草庵子。目前常见的商品房，交付时是毛坯房。购房后，房主要对房子进行装修，按照自己的需要，第一步，布置电路、水路。第二步，铺地板、刷墙漆，房子变得好用。第三步，装灯具、安窗帘。房子变得使用起来越来越方便、越来越舒适。

二是专用性，对产品效用的追求，必然要求收窄产品使用的工况条件，即提高产品的专用性。例如工具箱，理论上说有一个活口扳手就可以转动所有螺丝，但是，为了提高效用，工具箱里都配备一组常用的固定扳手，固定扳手通过专用工具的形式提高效用。专用性越高，其工作效率越高，但适用范围越窄。

三是多样性。据有关统计，社会上有2万多种产品。产品的专用性决定产品必然具有多样性。从历史的角度看，社会越发展，产品的种类越多。在古代，粮食是食物交易的主要产品。到上世纪，中国逐步有面粉、挂面、方便面等产品销售，其他的如饼干等不一而足。科技大发展，必然产生大量新产品，例如各种电器、各种运输工具、电脑类产品等。产品的多样性，与货币的同一性，形成一对矛盾，对经济运行会产生重大影响。

四是配比性（成比例）。种类繁多的产品，要发挥巨大效益，则必须在各种产品的数量之间，要保持一个合适的比例。这个比例如果发生显著变动，经济运行就会发生障碍，导致损失经济效率与经济效益。例如，汽车发动机的数量与汽车轮胎之间具有一定比例，该比例必须具有稳定性，否则，会出现负面情况：要么轮胎不足，要么轮胎积压。

五是规模性，首先是产品要具有足够大的规模，或者叫整体性，不能分割，因为分割会降低其效用，甚至完全失去效用。例如，远洋货轮载货吨位一般要超过1万吨，因为，大洋深处风浪大，只有大船才有强大的抗风浪能力。常见的集装箱船接近10万吨，油船超过10万吨。而且，大船的运输效率较高，能够提高经济效益。又如三峡工程，其蕴藏巨大水能，开发规模巨大。不开发则已，开发就不能零敲碎打，只能整体开发。也因此历经孙中山等几代人的努力，才最终建成。三峡水电站大坝长2335米，高185米，静态投资1350亿元人民币，总装机容量2240千瓦时，是世界上最大的水力发电站。其次，由于生产效率、经济效益等原因，生产经营要求具有足够大的规模，产品的技术要求、追求效益、投资限制等因素，决定生产经营要具有一定的规模。例如钢铁厂商，如果没有较大规模，就不会有较好的效益。相反，会因陋就简，出现不符合安全生产条件、污染环境等问题。1996 年，中国中央政府就命令取缔关停十五种重污染小厂商：① 小造纸，年产 5000 吨生料造纸。② 小制革，年产折牛皮 30000 张以下。③ 小染料，年产 500 吨以下。④ 土炼焦。⑤ 土炼硫。⑥ 土炼砷。⑦ 土炼汞。⑧ 土炼铅锌。⑨ 土炼油。⑩ 土选金。⑪ 小农药。⑫ 小电镀。⑬ 土法石棉制品。⑭ 放射性制品。⑮ 小漂染。国家经贸委限期淘汰和关闭“新五小”厂商：小水泥、小火电、小炼油、小煤矿、小钢铁。以后，中央政府又多次整顿，逐步提高小煤矿、小钢铁等的规模标准。

六是时间性。从开始建厂到投产，需要一定的时间长度，即建设周期。三峡工程，于 1994 年 12 月 14 日正式开工。2003 年 7 月 10 日，长江三峡工程第一台发电机组并网发电。从开工到发电，历时 8 年零 8 个月。2012 年 7 月 4 日，最后一台即第 32 台发电机组投产，前后合计，时间长度近 18 年。1978 年 12 月 23 日，上海宝山钢铁厂开工建设。1985 年 9 月 20 日，炼出第一炉钢。时间长度近 7 年。这说明，当市场供应出现产能性不足时，需要经历一个时间长度，才能提高相应产能。如近些年来，出现几次猪肉价格显著上涨情况，所谓“猪在飞”，却短时间内难以平抑其价。

七是经济流变量台阶性。产品与经营的规模性，理论上说，经济流增量是一个离散变量，而不是连续变量。比如，长江三峡工程开始发电时，全国发电总量跃增，即台阶式增长。三峡工程到 2003 年 11 月 22 日，共有 6 台 70 万千瓦的机组投产，合计功率 420 万千瓦。2005 年 9 月 16 日，14 台 70 万千瓦发电机组投产发电，合计功率 910 万千瓦。2012 年 7 月 4 日，全部 32 台发电机组发电，合计功率 2240 万千瓦。当经济流量减少时，经济流增量是负数，其值也是离散变量。经济流增量的台阶性，决定宏观经济总量具有台阶型。经济流量台阶式增长会给经济运行造成冲击，因为，如果实现增长前供求之间是平衡的，那么，台阶式增长后供求之间必然是不平衡的。三峡工程发电的台阶性，这种建设给全国电量供需平衡带来的冲击，是可预期的。但是，有一些经济事件，如经济危机、汶川地震导致经济流量跌崖，或者叫台阶式陡减，是难以预期的。

八是保持生产持续性。除极个别种类产品拟退出需求外，其余绝大多数种类产品都要持续不断地生产，保持稳定的产品流。因为，根据产品的配比性，一种产品流量的增减，就会对相邻的其他产品带来冲击。

1.5 产品运动方程

从产品形式看，以铁（Fe）为主要成分的产品，从铁矿石→钢材→汽车等应用领域，物质铁（Fe）以不同种类产品的形式一直向前运动，称为产品运动。铁产品每向前运动一步，都要有其他种类产品与之配合才能实现。各种产品之间的配比关系，构成产品运动方程。

1.5.1 产品运动方程推导

现代的生产加工厂商，在生产过程中，都需要耗费原材料、电力、机器设备等，我们称为该厂商的原品，与其产品、副产品相对。如石油炼化厂，生产中耗费原油、电力、炼油设备等，产品有汽油、柴油等，副产品有石脑油、液化气、石油焦、硫磺、石蜡、沥青等（如图 1–3 所示）。

产品之间的生成及数量关系可以表示为：

原品 a_1 ＋原品 a_2 ＋…原品 a_3 ＋ → 产品 b_1 ＋产品 b_2 ＋…

例如红星机床厂，原品有：钢铁、电力；产品有：车床、刨床。用关系式表示：钢铁＋电力 → 车床＋刨床。可以进一步表示为：钢铁 — 电力 — 车床 — 刨床。

万里汽车制造厂原品有：车床、电力、钢铁，产品有：汽车。用产品关系式表示：车床＋电力＋钢铁→汽车。

石油炼化产品关系式：石油＋电力＋设备→汽油＋柴油＋石脑油＋液化气＋石油焦＋硫磺＋石蜡＋沥青

我们可以一般地表示为：

原品 a_1—原品 a_2—原品 a_3—产品 b_1—产品 b_2—…

对于红星机床厂与万里汽车制造厂原品产品累加后，可以表示为：200 吨钢铁—20000 度电力—100 台车床—50 台刨床—500 辆汽车。两厂共用的电力是同一种产品，累加后只保留一个。机床在红星机床厂是产品，在万里汽车制造厂是原品，实质是同一产品，只记录一次。

某一产品，对其生产厂家来说是“产品”；而对下游厂家来说是“原品”。因此，所有“产品”“原品”都可以看作产品。全社会产品加起来，以 n 表示产品的种类编号，那么，产品关系式为：

产品 1—产品 2—产品 3—…产品 n—…

用 P_1 表示第 1 种产品的数量，…，P_n 表示第 n 种产品的数量，则：

P_1—P_2—P_3—…—P_n—…

我们把上式称为产品运动方程。

对于产品运动方程，我们可以用：产品种类 n、各种产品数量 Pn、各种产品数量之间的比例，这三个标量来描述它。产品运动方程表达了各种产品间的数量关系。

在产品运动方程中，产品种类是变动的，产品数量在实质上是流量。因此，尽管大部分种类的产品的产量是稳定的，但是，它是动态的，产品运动方程是动态的。在多数时间中、多数产品的变动趋势是可预期的，是宏观经济管理者能够把握的。

1.5.2 产品运动方程的平衡

市场上，所有产品处于既无积压也未脱销的情况，各种相互关联产品数量匹配良好。这时，对应的产品运动方程处于平衡状态，我们称之为产品运动方程的平衡。

在经济实践中，如此种类众多的处于网状、动态、相生关系的产品，完全处于平衡状态，是不存在的。因此，宏观经济运行状态，总是从一种不平衡状态，到另一种不平衡状态。某一种产品，常常也是畅销几年，滞销几年。某些行业也是好几年差几年，如中国的养猪业在近几十年的走势起起伏伏。借鉴人体“亚健康”概念，其被称为亚平衡状态。宏观调控的目的，是使之处于更加接近平衡状态。

产品运动方程持续处于变动之中，其变动的情形：一是方程项数量的增减。在近代，汽车、电视机、洗衣机等新产品被研制出来后，方程项增加。当代中国，随着社会进步，原有的石磨、马车、茅草房等被淘汰出市场，方程项减少。二是各方程项产量的增减。中国的汽车产量，1990 年为 100 万辆，2000 年为 200 万辆，2010 年为 1000 万辆，方程中汽车产量上窜式增长。

产品运动方程变动的原因：一是生产技术的进步，包括新材料、新工艺、新发明等，但最终还是体现在新产品上。新产品的诞生，在增加方程项的同时，必然改变若干种产品的产量。例如空调出现后，必然增加对金属、电力等产品的需求，刺激其产量增加。二是消费需求的变化。由于新技术产品在有效性、舒适性等方面一般比较突出，综合比较，优于原有产品。有史以来，人口变化的趋势是增加的（少数时期是减少），特别是现代以来，人口呈现快速增长态势。中国大陆人口 1950 年约 6 亿、1960 年约 7 亿、1970 年约 8.5 亿、1980 年约 10.7 亿、1990 年 12.3 亿，1950—1990 年 40 年人口翻一番。世界人口 1950 年约 26.7 亿、1960 年约 28.4 亿、1970 年约 34.8 亿、1980 年约 37.5 亿、1990 年 42.5 亿，

1950—1990 年 40 年人口增长到 1.6 倍。消费偏好的变迁，导致消费需求变化，刺激产品产量甚至产品种类变化。

产品运动方程持续处于亚平衡状态，是哪些因素导致的呢？①生产模式与经营模式持续地逐步发展变化，决定着产品运动方程的变化。特别是工业革命以来，变化更快。新产品在诞生与推广过程中，逐步改变产品运动方程。创新经营模式，如中国的网上购物、移动支付等新业态，也在改变着产品运动方程。②产量增长的台阶性，导致产品运动方程不平衡。某种产品与多种产品存在匹配关系，不可能在产量增长前后都保持平衡。③投资、消费的强主观性，有时会加剧产品运动方程不平衡的严重性。经济实践中，常常发生“跟风”情况，如银行挤兑风潮、食盐抢购风潮等，都会加剧经济运行的不平衡。④品种类的复杂性，有 2 万多种产品，决定了产品运动方程不平衡。

经济运行一直处于不完全平衡的状态，或经济既有自我回归平衡的力量与趋向，又有远离平衡状态的力量与趋向。我们可以努力追求：一是高度平衡状态。二是几种主要产品之间的平衡。

人类生产活动的规律，决定了产品运动方程及其特性。在生产技术模式稳定的情况下，各种产品数量之间的比例是稳定的。这是我们做好宏观经济管理的依据。

1.5.3 产能匹配方程及平衡

各种产品的产量，其背后支撑是各自的产能。在经济实践中，各种产品的产能，也是发展变化的。同一时点，各种产能之间的数量关系，称为产能匹配方程。我们可以运用产品运动方程的推导方法，推导出产能匹配方程。

如果我们用 P_1 表示产品 1 的产能，…，Pn 表示产品 n 的产能，那么，产能匹配方程表示为：

P_1—P_2—P_3—…—Pn—…

与产品运动方程相似，我们可以用：产能种类 n、各种产能数量 Pn、各种产能数量之间的比例，这三个标量来描述它。

当某种产品遇到滞销行情时，部分生产厂商可能会减产，甚至停产，但其产能还在。在市场行情好转后，可以快速恢复产量。在市场行情红火时，可以充分发挥产能，部分生产厂商会加班生产，增加产量。产能是产量的基础，也是产量的限制条件。

短期内，产量的大小只能在产能限制的范围内变化。因此，产品的产能与产量相比，具有更高阶的稳定性。对于宏观经济管理来说，管理产能比管理产量更加可靠、更加具有预期性。由于产品的产能比产量具有更高阶的稳定性，因此，产能匹配方程比产品运动方程具有更高阶的稳定性。

产能匹配方程的动态平衡，与产品运动方程的情况相似：生产技术模式改变与消费偏向变迁两个原因，导致产能匹配方程的变动。但是，投资的主观性，也会短期内导致产能匹配方程的不同。不同的投资者，投资倾向是不同的，导致投资实现不同，产品流不同。如果看好并投资房地产的多了，那么，该行业的原品——水泥、钢筋就会销售旺盛。

1.5.4 产品运动方程理论的运用

产品运动方程有 3 种状态：一是产品的种类与各种产品的产量都不变，即生产规模保持不变。在现代经济中，由于资本的扩张性，这种情况出现的频率也极低。如果存在，那么，其存在的时间长度也极短。在农业经济时期，由于是自给自足的经济性质，长期生产增长缓慢，很多时候近似于保持不变。二是产品的种类不变，各种产品的产量同比例放大。中国从秦汉时期到清朝中叶，约 2000 年时间，处于农耕文明时期，产品方程式是基本稳定的，变化的只是，随着人口增长而增长的产量。三是产品种类与各种产品的产量两方面逐步发生变化。工业革命以来，随着技术创新，各种新产品如汽车、飞机、电力、电脑等等，不断涌现，产量从零开始不断刷新纪录。而且，由于新技术、新产品的应用，原有的农业产量，也逐步放大。因此，现代经济在绝大多数时间上是这样的。

对以上三种情况，宏观经济管理者都是可以实施预期并管理的。另外一种情况，是若干种产品的产量发生骤减。这种情况的原因主要有：自然灾害如地震、海啸等；社会原因如经济危机、战争等。对于这种情况，只能事后应对，很难采取预期的管理措施。

一是以全社会生产为研究对象，建立全社会产品运动方程：

P_1—P_2—P_3—…—Pn—…

在管理实践中，不能关注所有种类的产品，管理者可以选择以下产品予以监测、规划：① 大宗产品，如水泥、煤炭。② 起到价格基础作用的产品，如粮食、猪肉、电力等。③ 社会敏感产品，住房、粮食、猪肉等。④ 易被炒作的产品，曾经被炒作过的绿豆“豆你玩”、大蒜“算你狠”等。当然，管理者还可以根据自己的理解与目标，选取若干种产品予以关注。

二是关注某一个行业，以某种产品为研究对象，例如钢铁产品，对其建立产品运动方程。举例如下：

P 铁矿石—P 钢铁—P 汽车—…—P 船舶—…

这样，可以专项研究某种产品，关注相关的上下游产业。

1.6 实物分析法

实物生产是经济的主要内容、基本内容，并且具有客观性等特性。因此，对实物进行分析是宏观经济管理的基本分析方法，是最基础的分析方法，是第一重要的分析方法。产品、产能匹配，是宏观经济管理的基础问题、核心问题。产品运动是宏观经济运行的中心，没有产品间的良好匹配，宏观经济就不能良好运行。

所谓实物分析法，就是运用原始的计量方法，如粮食若干吨、房屋若干面积，结合各种产品之间的生成关系及数量配比，对经济运行进行分析。具体地，就是根据需要，我们建立各种产品运动方程、产能匹配方程，对宏观经济予以规划与施策。与实物分析法相对的是计价分析法，或叫计值分析法。实物分析法的基本特点，是实物计量法，而不是采取产品计价法。计价法的优点是，不同种类产品之间，价格可以累加。例如，水电、煤炭、石油等可以价格累加，计算出能源类产品价格。同理，计价法可以用于全社会产品价格运算，这是现行国民经济核算的基本方法。但是，计价是计量的变相，由于单价受市场供求关系影响很大，计价导致真实性被削弱。因此，宏观经济管理在运用计价分析法时，必须先进行实物分析。

实物分析法实施步骤：第一步，确立研究对象。宏观经济管理者根据需要，选取某一种产品如钢铁，或者若干种产品如煤电油运为研究对象。

第二步，建立产品运动方程。钢铁产品运动方程，P 铁矿石—P 钢铁—P 汽车—…—P 船舶—…；或者，全社会产品运动方程，P_1—P_2—P_3—…—Pn—…。

第三步，根据前期经验，推算出在下一时间阶段，方程中各项的量的理想值。

第四步，根据这些理想值，制定调控措施。出台措施前，要评估拟用措施对现有产量的改变程度，从而达到更优的匹配比例。

当前，世界经济处于高度全球化。2018 年，中国进口大豆 8800 万吨，占国内总需求的 85%。因此，国际贸易是实物分析的重要方面，我们要关注、预测国际市场。充分利用国际市场，优化国内产品匹配比例。

第 2 章　货币循环

货币，与工具、食物等不同，不属于一般物品，不能直接满足我们生产生活的需要。但是，人人都不能没有它，即所谓“没有钱是万万不能的”。我们每月领到工资后，手里有了钱，拿去购买生活用品等，钱花出去了，钱从我们手中又“溜走”了。钱总是“转悠”来，又“转悠”走。那么，钱是个什么东西，它的“转悠”路线是怎样的呢?

2.1 货币及其演进

物物交换。人们最初的交换形式，是物物交换，它也是最根本、最彻底的交换形式。物物交换现在还有发生，只是很少。在特定场合，现代人选择物物交换，有利于降低交易成本，如以古玩 A 换取另一件古玩 B。

随着生产力发展，收获越来越丰富，人们货物交换愿望逐步增长，物物交换越来越频繁、数量大小越来越多样，规模促进效率提高，渐渐地一种或几种货物更多地承担起物物交换的中转任务——货币诞生了。这几种货物被称为货币，固定地承担起交易媒介作用，并被本地区人们普遍接受。“币”的本意是丝织物，“货”与“币”合起来“货币”，意指有价值的实物，并且被普遍接受。

货币产生后，持物者不是直接换取目的物，而是先换取货币，这一过程称为“卖”；再拿货币换取目的物，这一过程称为“买”。在交易中，货物对应的货币数量，称为货物的价格。货币是经济发展的润滑剂。

从古至今，货币的形式持续演进，主要有三个阶段：① 特殊货物阶段。这一时期，有些货物分化出来，相对固定地充当一般等价物，如天然海贝等。这些货物的种类较多，变化较快，每种货币流通的地域相对较小。② 金、银、铜等贵金属阶段。随着社会发展，一般等价物固定在贵金属上，这一时期很长。特殊货物和贵金属，两者都属于实物货币。③ 钞票、电子货币阶段。钞票等，主要存在于现代经济。它不是实物，本身不含有价值，只是货币符号。

货币在经济中主要具有以下作用：① 计量价格，即价格尺度。② 交易中介，能促进货物流通。

货币生来就是为实物交换服务的，决定了货币在经济中相对于实物（产品）的从属地位。

2.1.1 钱

在中国，黄帝后期出现铜仿贝与钱镈等金属货币。“货币天然是金银”。此前，中国出现天然海贝。秦始皇统一中国后，诏令全国使用方孔圆钱，民间俗称“铜格儿”，此后，一直延续两千多年。从此，开启“钱时代”。钱的特点，是其价定额，如“半两钱”。在钱时代以前，人们使用的是“称量货币”，在买卖时，都要鉴定成色与称其重量，如中国古时的银锭铜饼的。钱，也称为“制钱”。在这里“制”的意思是：（皇帝号令全国）统一（样式），是古代皇帝专用字义，所谓临朝称制，不是“造”的意思。汉武帝元鼎四年（公元前 113 年），朝廷禁止民间铸钱，铸币权收归中央。唐高祖武德四年（公元 621 年），铸币改行通宝制，铸币开始实行重量制。在中国明清时期，银、铜成为主流货币。

在银、铜为主流货币时，“银贵铜贱”事件时有发生，原因是货币不完全具有同质性。钱与货币银的不同：钱是定额货币，既有价值意义，又有符号意义，就是说，价值可以与符号不符。而货币银只有价值意义。

2.1.2 钞票及电子货币

宋代商品经济发展较快，在商品流通中需要更多的货币，而其时铜钱短缺，在四川地区通行铁钱。但是，铁钱价值低，十铁钱抵一铜钱。买一匹布需铁钱两万，重约 500 斤，钱比货更重。价轻量重旳铁钱，给商品流通带来不便。宋仁宗天圣元年（公元 1023 年），发行钞票——“官交子”，是由政府正式发行的银票，主要在四川地区流通，也称为交子、钱引、关子、会子。清末以来，钞票成为主流货币。钞票具有：无价值性，本身只是一个价值符号。清代末叶，由于中央政府国库空虚，财政困难，为筹措均需费用，咸丰三年（1853 年）发行了两种钞票：“户部官票”和“大清宝钞”，合起来就叫“钞票”，“钞票”的名称就是从那时候开始的。

用“钞票”来指代由人类设计的、国家权力强制使用的价值符号，本义上比“货币”更精确，因为，“币”的本义是织品，属于实物。

钞票可以分为两个阶段：第一阶段，与金银贵金属挂钩阶段。在这一阶段，钞票可以自由兑换金银。中国古代的银票，都属于这个情况。第二阶段，完全独立于金银，与金银没有特定联系、国家定义价格阶段。当前，世界主要经济体、绝大多数国家的钞票，都属于这种情况。1971 年 8 月 15 日，美国总统尼克松向全世界宣布：美元和黄金脱钩，暂停国外央行以美元兑换黄金的权利。从此，美元脱离黄金母体，完全独立，蜕变成“美钞”，“美金”不复存在。

钞票是贵金属货币的代表，能够完成货币的功能。钞票是货币的发展，具有优于贵金属的一些优点：① 具有便于携带、方便支付的优点，这是显而易见的。② 钞票的最大特点就是完全同质性。可以计价任一数量部分。但金属货币，尤其不同种贵金属之间，比价会出现波动，如“银贵铜贱”现象。③ 深层次的问题：随着经济的发展、社会财富的累积、交易量的增长，需要大量的货币。然而，贵金属的生产是有限的，不能满足社会的需求。而钞票，可以根据实际需要，加印即可。④ 更深层次的问题：金属货币的价格会随着贵金属的生产成本而波动，这是价格本身的波动，会从基本面上撼动物价体系，进而打乱整个经济体系。

当前，从世界范围来看，钞票都是约定货币。从全体国民看，因为经济交往，需要大家共同约定货币。国家通过权力，强制全体国民无条件接受钞票。

电子货币，是货币的电子化，和钞票一样，是货币的代表，本身不是货币，不包含价值。它能代表货币，完成货币的功能。它是钞票的进一步发展，具有超越钞票的一些优点。比钞票更方便、更快捷、更高效、更安全。在今天中国，在遥远的海南、新疆、黑龙江之间，支付钱款，使用电子货币手段，在自己手机上操作可以快速到账。

货币发展到今天，已经处于“后钞票”阶段，当前，货币的主要形式是概念货币，超越了钞票阶段。概念货币，大大提高了人们管理货币的能力，包括控制能力、便于操作。

2.1.3 钞票的特性

钞票，及建立在此基础之上的电子货币，具有三个显著特点：① 无价值性，即钞票本身没有任何价值，只是一个价值符号。一种钞票，在最初发行时，定义其价格，之后便会“随波逐流”。到目前为止，在世界知名的钞票中，还没有哪种钞票一直保持其最初设定价值的。总体看，世界主要货币价值变动的主流趋势是逐步贬值的。② 钞票的最大特点就是同质性。钞票具有完全的同质性。可以分割为任一数量部分。货币的同质性，是经济主观性（经济运行骤变性）的前提条件。③ 生而不灭性。它不像产品那样被消费掉，通过消费，产品失去效用。钞票流转，是一个代表财富转移的过程。

2.1.4 货币演进的特点

货币从古到今，逐步演进。从天然一般等价物到金、银、铜等贵金属，再到货币符号钞票、电子货币等，经历了一个漫长的过程。

货币的这一演进过程，具有以下特点：一是实物货币从称量货币转变到定额货币。二是货币从民间自行运作到政府介入，再到政府严格管理。三是以上两点说明：人们对货币的认识，越来越深刻；对货币束缚的解除，越来越多；对货币用途的把握越来越精准。例如，电子货币，就是一个表示价值的数字，解除了历史的束缚，促进了贸易的发展。

2.2 货币循环

2.2.1 货币循环图

在经济生活中，一个企业销售产品，收入货币。企业的货币有三个流向：一是购买原料用于生产、购买设备用于扩大生产。这部分货币流入上位企业。二是发放人员工资，这部分货币流入私人手中。私人购买消费品后，资金又流回企业。有时会部分留下来，但将来还是会从这两个方向流出，只是时间早晚而已。三是缴纳税费，流入国家政府收入。财政收入用于：为广大民众提供社会福利、为公务员发放工资等，货币流入私人手中；提供公共产品，还有一些投资，货币又流回企业。这样，形成货币循环，如图 2–1 所示。

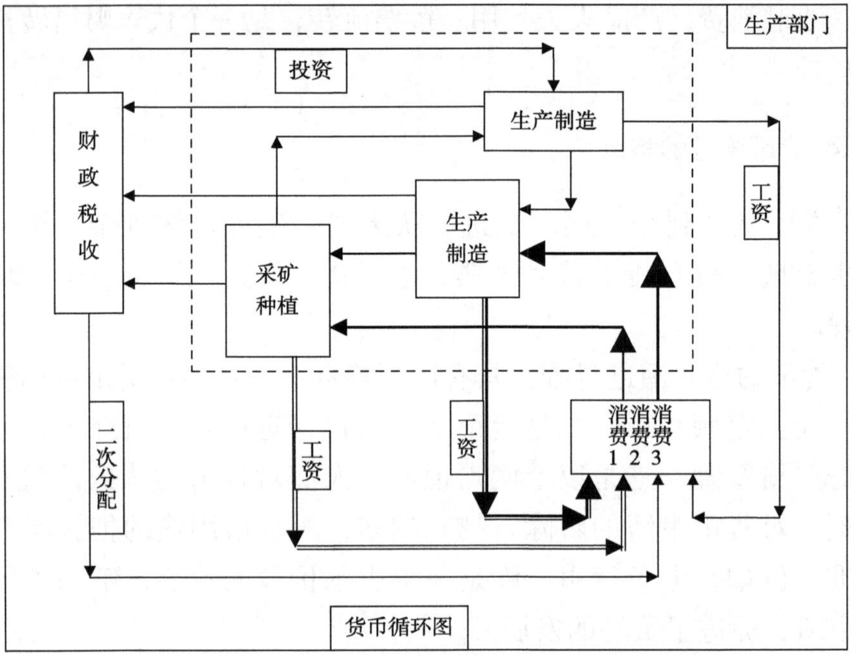

图 2-1　货币循环图

货币运动，根据有无实物与之对应，分为：① 实物—货币运动，是最常见的货币运动方式。表现为实物与货币以相反方向运动，产品每向前运动一步，都有一笔价格相等的货币与之互换。产品价格≡货币标量，产品与货币二者流向相反。电视机销售，电视机价格记为 Xn，货币流量记为 Xn’，二者相等 Xn = Xn’，流向相反。钢铁生产企业 A 卖出钢铁产品给汽车制造企业 B，钢铁产品从 A 运动到 B；B 付出货币给 A，等价货币从 B 运动到 A。

一般地，上游厂商卖出产品，收入货币，下游厂商付出货币，买入产品；消费者从厂商手中买到产品，付给厂商等价货币。人们常说“一手交钱，一手交货”，就是这个交易过程。在经济运行中，实物不断循环，产品一步一步向前运动，货币以相反方向一步一步向前运动，构成主体部分货币循环。产品流量（价格）≡货币流量。在实物—货币运动中，货币的流出有两类：一个是消费，另一个是投资。

② 单一货币运动，是货币运动的重要形式。包括工资、税收、投资分红、借贷还贷、存款储蓄等方式。税收基于国家强制，投资基于信任。投资的目的，只有一个——赚取更多货币。借贷货币，借方可能用于消费，或投资。

2.2.2 货币流

我们可以参照产品流的概念，来界定货币流。货币从一个节点流动到下一个节点，我们称之为货币流，节点即持币者。节点可以是自然人、企业、政府、银行等，也可以是某一类持币者的集合，如全部银行。货币从一个节点流动到下一个节点的途径，假想为流管。货币流出的节点，叫流出节点；流入的节点，叫流入节点。从流出节点到下流出节点的方向，称为流向。在某时间段内，流过的货币数量，称为流量。单位时间内，流过的货币数量，称为货币流速。货币循环与实物循环相似，可以用：流管、流向、流量、时间等 4 个指标来描述。如石油美元，石油消费国用美元购买石油，美元流入石油输出国，形成美元货币流，在流入节点——石油输出国聚积。由于石油是大宗物品，因而，对应的美元流流量也是巨大的。

货币流合成。我们可以根据研究或管理的需要，对一些货币流作合成处理。例如，我们对财政支出进行研究，可以把所有财政支出货币流合成。财政支出可以看做是同一个节点流出，流入若干个节点，我们把流入节点合并，各货币流合成，得到“财政支出汇总货币流”。财政收入主要有：税收、收费、罚没、出让金等，同样，我们可以把财政收入的货币流出节点合并，财政收入货币流合成，得到“财政收入汇总货币流”。可以对所有“购买电视机”货币流做合成处理，得到“购买电视机汇总货币流”；对所有“购买家用电器”货币流做合成处理，得到“购买家用电器汇总货币流”。

货币流变。货币流会发生变化，我们称之为货币流变。① 货币聚积。货币在节点聚集，对经济运行形成压力，容易发生货币流骤变。② 货币流骤变。货币流的可骤变性，流管、流向、流量都是可骤变的，货币的同质性提供了前提条件。

由于在一般情况下，经济为买方市场，买方拥有主动权，产品流是被购买拉动的，因此，购买表现为拉动经济的直接动力。因此，调控货币，是管理经济的主要手段。当经济疲软时，扩大财政支出，增大货币流量，增大购买力，从而刺激经济向好。

2.2.3 货币循环的特性

① 货币在循环过程中，没有损耗，即没有数量的变化。② 便于高效管理。货币的同质性，决定货币便于管理，在循环中，货币能够聚积。③ 货币流出，无论是投资、消费还是借贷，都是持币者的主观判断，因此，货币流动具有强烈主观性。④ 由于货币流动具有主观性，与人群群体偏好，决定货币流动的可骤变性，流管、流向、流量都是可骤变的，货币的同一性提供了前提条件。货币流的主观性，因此，导致经济运行出现不稳定性。2007 年，中国发生全民炒股热潮，货币流程图发生明显变化。对楼市、股市的判断，期望是理性的，实际是主观行为。对消费的偏好，也是主观的。⑤ 货币流动推动产品运动。在经济运行中，产品与货币是互动的，流向相反。市场处于买方市场，给人的感受是货币流推动产品流。⑥ 货币在节点聚集，对经济运行形成压力，容易发生货币流骤变。

持币者可以根据自己的需求与判断，改变货币流向与流量，由购买 A 物品，转而全部购买 B（若干）物品。这时，该货币流发生骤变。所谓骤变，是短时间内发生大变化。掌握货币支出规律的人，就会获得更高的利润，成为市场的强者。经营服装的商人，总是在捕捉下季服装的流行样式。2013 年 9 月，中国国务院会议决定建设上海自贸区，上海板块股票全面启动。外高桥股在 20 个交易日内增长了 3.5 倍。

持币者的货币流出是有一定规律的。比如，一个人持有货币，最基本的要为生活而支出货币。当生活有富余后，结余的货币，持有人一般会拿出来理财。当结余货币的数额很大时，持有人会寻求投资。

购买表现为货币的支出，购买尽管具有一定的规律性，但毕竟是主观行为，有强烈的随意性，因此，导致经济的运行具有主观性，即不稳定性。2007 年，中国发生全民炒股热潮，货币流发生明显变化。

货币流调节。货币推动经济运行，要经济稳定增长，就要稳定货币流。要稳定货币流，就要探索经济中的货币需要量，即货币存量问题。当社会中的货币存量显著大于需要量时，一般表现出需求旺盛，经济繁荣，对物价产生快速上涨的压力。当社会中的货币存量显著小于需要量时，一般表现出需求萎缩，经济疲软。因此说，测定货币需求量是困难的，但是，可以通过物价的变动趋势，来判断当时货币存量是否合适。

稳定货币流的主要措施包括：一是通过调节银行利率，来调节货币存量。当经济疲软时，降低银行利率，这样，银行放贷会增加，银行吸收存款会减少，从而增加货币存量。当经济过热时，反向操作，从而减少货币存量。二是财政手段。当经济疲软时，扩大财政支出，增加购买力，从而拉动经济向好。当经济过热时，减小财政支出，缩小货币流，从而稳定经济。三是税收手段。一般来说，当经济过热时，采取加税措施，抑制投资。当经济疲软时，采取减税措施，刺激加大投资。

2.2.4 产品 – 货币矛盾

由于产品的多样性，必然要求等价的货币，与之对应。例如，在中国计划经济时期，通过粮票、布票等票证，来约束货币流量，与产品的数量对应相等。但是，这种约束不可能长久。在货币去掉这些约束后，不能保证货币与对应产品数量相等。这样，产品与货币就构成了经济运行内部的一对基础性矛盾，我们称之为产品－货币矛盾。在这里，货币的同质性，是经济主观性（经济运行骤变性）的前提条件。这一矛盾，在现实经济中具有重大作用。

由于产品的客观性，要求货币流必须与对应产品流的价格相等。但是，由于货币的同质性，充分扩大了人的主观性施展空间。人的偏好通过货币支出，得到实现。人们对消费的偏好、对投资的决策，时时处处地影响着经济的运行，经济的运行带有显著的主观性。这样，产品的客观性，与经济运行的主观性，构成一对矛盾，我们称为：经济的主、客观性矛盾。这一矛盾，是产品－货币矛盾的更深层次矛盾。

在中国农业经济时期，商品经济较弱，经济、社会交往多以实物为主。如税收被称为“皇粮”，地租也以粮食为主，产品－货币矛盾对经济社会的影响不很大。在现代社会，在经济、社会交往中，货币化程度高，产品－货币矛盾对经济社会的影响，无处不在，因此，管理者需要实时监控。

2.3 价格及构成

价格，是商品对应的货币数量，是商品、劳务的货币计量。在经济实践中，价格稳定是短期的。长期地看，价格处于持续的变动中，我们称为价格运动。

通过价格计算利润，价格越高，利润率越高。利润是投资的唯一追求，利润越高，投资越旺盛。因此，商品价格高低，决定投资旺盛与否，即商品价格决定投资，商品价格指引投资。

商品价格，体现商品供求关系，供给与需求之间通过价格波动来寻求平衡。厂商增加商品供给，无论投资品还是消费品，则价格下降，需求会增加。厂商减少供给，则商品价格上升，需求会减少。同理，如果需求增长，则商品价格上升，供给会增加。需求减少，则商品价格下降，供给会减少。

价格是经济的中心指标，几乎包含着所有经济信息，是其他经济信息的基础与集中点。市场经济主体，都是围绕着价格展开经济活动的，没有谁能够逆着价格而长期生存。价格运动改变实物循环及产品运动方程，因此，我们要深入研究价格及其运动。价格运动带动一系列经济指标变动。

有两万多种商品，无法直接对它们综合、统计、比较。我们引入价格后，就可以进行计算分析。

2.3.1 市场

市场是集中交易的场所，有交易的固定时间段。我们一般理解的市场，有若干交易主体，有较大成交量，并相对稳定。市场是经济运行的基础平台，市场与价格紧密相连，市场使价格、交易量处于稳定状态，使交易需求变得可预期。在其它条件相同的情况下，市场主体的数量越多，市场的价格越稳定。

与市场相对的，是垄断，就是买方或卖方只有一个交易主体（或主体联盟），即独家经营。垄断控制价格与交易量，获取自身最大利益。垄断损害了其他交易主体的利益。

在人类经济发展的初期，市场是对偶发性的商品交易的向前发展。在今天，市场已经非常细分与发达。但是，仍然存在偶然性买卖，即孤立交易，常发生在冷门不常见产品的交易，价格是偶然的，主要受卖方心理预期价格的决定作用。还有一种交易，经常能见到不在市场进行的，如青菜肉类等常见商品，“场外交易”其价格看似偶然的，但买卖双方掌握市场价格，实际是参照市场中的价格的。比如说，双方都知道昨天或者上周，青菜的市场价格。

与偶然交易相比，市场交易的突出特点就是稳定。但是，稳定不是“固定”不变，这种稳定是区间型稳定。例如：昨天上海青 2.9 元 / 公斤，如果今天的价格落在 2.8~3.0 元 / 公斤区间内，我们认为今天的价格是稳定的，如今天的价格是 2.83 元 / 公斤。这种稳定包括：场所稳定、时间稳定、价格稳定、成交量稳定。这种稳定是市场心理预期范畴的。这种预期包括短期预期与长期预期。如2010年猪肉在连续多日价格上扬，累计上涨50%，超出大众心理预期，就此得出结论：价格是不稳定的。这是市场形成的原因，是市场主体的期盼，是市场的命根子。由此衍生出其他特性：价格灵敏性。稳定性与价格灵敏性之间，相反、相对、相成，并互为表里、相互依存、互相促进。评价一个市场的优劣，主要看此两个指标。一个市场健康的本质，是价格真实性，即反垄断性。

随着商业发展、技术进步，市场不断扩展，从有形到无形，如证券市场；从实物到信息，如网上市场。将来主流的市场模式，可能是实物市场用于厂家展销，网上购物促成实际交易。

案例 2-1 从前，有一年夏天发大水，两个老汉逃生到了同一棵树上，一个是有钱的财主，另一个是穷汉，财主带着6个元宝，穷汉匆忙逃难中带了6个窝头。财主饥肠辘辘，第一天，用1个元宝买穷汉2个窝头，维持了一天；穷汉没见过这么多的钱，忍饥挨饿用两个窝头换回1个元宝。第二天，财主饥饿难耐欲买窝头，穷汉在饥饿中提出窝头涨价，财主以1个元宝买1个窝头价格成交，上午买一个吃了。到了傍晚，饥饿再袭财主心头，价钱跟着上午的走，财主又买了一个，这样，又度过了一天。第三天，财主平日里没遭过这个罪，难忍饥饿，欲买窝头，穷汉却强忍饥饿，省下窝头再次涨价，经过讨价还价，最后以2个元宝买1个窝头价格，买完穷汉的窝头。经过三天的饥饿，穷汉一头栽倒掉到树下，死了。这时，大水退去，财主捡起元宝，走了。

从本案例中，我们可以感知交易、市场、定价、价格走势等。

2.3.2 价格自身计量

从价格的定义看，价格就是相对的，这是第一层。第二层，货币自身的价值含量会变化。黄金会随着开采的难易程度、市场行情而发生变化。因此，价格从诞生的第一时间开始，就一直处于变动中。对经济有益的变动，轻微的价格上涨会促进经济发展。价格骤变，会伤害经济运行。

产品的价格可以用货币来表示，同理，我们也可以用产品来表示货币价格。100 斤小麦＝ 100 元，那么，1 斤小麦的价格是 1 元；1 元货币的价格是 1 斤小麦。在货币兑换情况下，两种货币可以互为对方的价格。100 元人民币＝ 16 美元，那么，1 元人民币的价格是 0.16 美元，即 1¥ ＝ 0.16$；1 美元的价格是 6.25 元人民币，即 1$ ＝ 6.25¥。

价格指数，是反映不同时期商品价格水平的变化方向、趋势和程度的经济指标。为了说明价格变动情况，人们根据需要，编制了价格指数。按其包括的范围不同，可以分为：① 个体指数，反映某一种商品价格升降程度。② 类指数，即分类商品价格指数，反映某一类商品价格升降程度。中国使用的此类价格指数有工业品出厂价格指数农产品收购价格指数等。③ 总指数，反映全部商品价格总水平升降程度。还有其他很多的指数分类法。还有常用的价格指数：居民消费价格指数（CPI）、商品零售价格指数（RPI）、固定资产投资价格指数、股票价格指数等。

货币贬值，又称通货贬值，是指单位货币所含有价值或所代表价值的下降，即单位货币价格下降。在金属货币制度下，减少法定含金属量，降低对金属的比价，以降低货币价值。在钞票流通条件下，钞票价值下降，表现为物价上涨。从国际角度看，货币贬值，是本国货币对外国货币汇率的下降。

货币升值，是货币贬值的对称。在金本位制条件下，增加本国货币的法定贵金属含量，即单位货币价值提高。在钞票制度下，物价下降，钞票价值升高。在钞票流通条件下，表现为物价下降。从国际角度看，货币升值，是本国货币对外国货币汇率的升高。

物价的剧烈变动，不利于经济增长，因为，物价变动直接改变了所有者财富的价格。由于价格变动不会是同比例的，因此在实质上，它导致一场财富的再分配。假如房价下跌，那么，已购房者的财富就要缩水。金价上涨，那么，拥金者的财富就会上涨。而且，由于物价变动，还会打乱原有的经济合作关系，导致生产经营萎缩。

一般认为，温和的物价上涨——即年上涨率不超过5%——有利于促进经济增长。因此，把物价总水平控制在年上涨率介于0~5%之间的范围内，是宏观经济管理的目标。

2.3.3 价格构成

根据实物循环图可知，产品运动到每一个环节，经过该环节的生产加工，都会产生新增财富，即新产品包括：转移财富和新增财富。如汽车生产厂商，以钢材、电力等为原料，生产出汽车。钢材、电力等价值转移进入产品汽车之中。厂商付出的管理、设计、制造等工作，产生新增财富。它属于社会收入，是构成GDP的分子，是收入法GDP的一个加项，暂且叫做微观GDP。

从价格看，新产品价格包含：转移价格和新增价格。由于转移财富在生产过程中，其价值没有改变，因此，可以叫做不变财富，转移价格可以叫做不变价格。

价格 = 不变价格 + 新增价格

一般地，新增价格分配为：工资、税金、利润等三部分，即

新增价格＝工资 + 税金 + 利润

所以：

价格＝成本＋工资＋税金＋利润 ①

在这里，成本不包括所有人的工资——工人工资和管理人员工资。

从投资者角度看，投资只为利润，即所有收入来自于产品销售，其收入数等于销售产品总价。我们使用支出概念，则

产品销售价格 = 所有支出 + 利润

在这里，所有支出包括三部分：第一部分，所有人员工资、福利支出，我们叫人工支出，或者叫工资支出。第二部分，税金支出，包括价内税、价外税与行政事业费，但是，收费在税金中所占比例很低，在 5% 以下。第三部分，原材料、电力、购买专利等支出，是所有支出减去工资福利、税金后的支出，我们叫不变支出。因此

产品销售价格＝不变支出＋工资＋税金＋利润　②

工资＋税金＋利润＝产品销售价格－不变支出　③

在实践中，利润的主体（所有者）是企业；税金的主体是政府；工资的所得者是员工。根据③式可知，如果新增价格一定，那么，工资、税金、利润三者，是零和博弈关系。所以，工资、税金、利润三者要保持一个合适的比例关系。一般来说，工资主要用于消费，利润主要用于投资。工资、税金、利润三者都随着新增价格的增长而增长：利润是所有支出后的剩余，其与新增价格正增长关系是不言而喻的。利润也是正增长关系，以中国税收为例，大部分税种是按价计征。主要税种增值税是按价计征的，所得税则是按照比例对所得直接计征，消费税主要按价计征，其中少数课税对象同时按量（如香烟按箱）计征。少数小税种不按量计征，如印花税，是按次计征。根据有关测算，中国企业税金与利润数量之比约为 45∶55。工资是正增长关系，工资会随着利润升高而次级增长；反之，下降而次级减少。所谓次级，是指工资增长率显著低于利润增长率。因为销售价格上涨，必然产品畅销，要增加产量，会增发奖金与加班费等。当不变支出稳定、商品价格升高时，利润与税金及工资共分之；当不变支出稳定、商品价格下降时，利润与税金及工资共担之。

如果工资所占份额太小，从货币循环看，用于消费支出的货币流量太小；从产品循环看，太多产品不能流入消费环节，造成生产部分太大，形成资本主义早期的生产相对过剩问题。所以，工

资所占份额过小，反过来又会阻碍生产的发展。如果A国工资明显低于其他国家，员工会跨国流动，从A国流向其他国家。

如果企业的税收负担过重，会抑制人们投资的积极性。因此，在宏观经济疲软时，国家会采取减税政策以刺激经济走向繁荣，如中国在2018年中国实施减税计划。如果A国税收负担明显重于其他国家，那么，A国资本就会流出A国。2018年，美国开始实施减税1万亿美元政策，就是希望以此吸引其他国家的资本流入美国。

劳资双方经济分配的合理性问题。在生产活动中，人是主体，物是客体，老板和雇工之间是合作关系，不管是如何不好，仍然是合作关系。他们共享合作成果。例如，张三依靠自己的体力运输货物，每天收入50元，后来，李四与他合伙，李四自己不从事劳动，只投入一辆车子，张三每天收入200元，张三每天分得70元，李四分得130元，补偿车子折旧等30元，李四净得100元。该怎样解释这一现象呢？在合作生产中，双方的收入都增加了。

分配受民法伦理支配，符合公平原则，谁出资谁收益。张三、李四是市场主体，他们从合作中分享成果。张三（减轻了劳动强度）提高了劳动效率，增加了收益；李四运用自己的资产，获得收益。

2.4 货币——调控经济运行

根据以上分析，可以得出以下结论：

第一、货币是调控经济运行的主要手段。在市场经济中，价格是投资的风向标，利润是投资的指挥棒，利润来源于价格；价格，能调节消费。货币流的变化，决定着价格的涨跌。因此，主要通过调控货币流量，可以调控宏观经济运行。

第二、控制货币供应量。在现代经济中，钞票类货币。货币供应量大了，会引发物价保障、市场投机。货币供应量不足，引发通货紧缩、经济运行困难。因此，为了稳定价格、稳定经济，中央银行必须较精准地控制货币供应量。

第三、控制金融行业的规模。货币相对于实物的从属地位，特别是在现代经济中，所谓货币基本都是钞票等价值符号。在宏观经济中，货币只是发展经济的润滑剂，实物才能满足我们的生产生活需要。因此，我们必须大力发展实体经济，而把货币控制在促进实体经济发展的范围内。2008 年美国金融危机，就是一个典型的负面案例。要抑制金融行业的利润，把金融行业的规模控制在合适的范围内，避免出现恶性竞争、危险竞争。

第四、一般地说，不能让金融业控制实体经济，避免出现“金融寡头”。在现代经济中，实业家与金融家在目标、关注点方面都是两类，前者是为了做大做强实业，后者是为了赚取更多的钞票，所以两者对实体经济的影响是不同的。因此，一般应避免出现金融业控制实体经济。

第五、在国际货币博弈中，保障本国利益，维护世界经济稳定。近几年，中国进入经济大国、经济强国行列，深度卷入国际货币博弈已成事实，货币风险，成为中国经济今后几十年中，最大的风险。在这场博弈中，如何保障本国利益，维护世界经济稳定，是崭新且重大的课题。

第3章　经济运行

在实践中，经济运行的质量如何，受到诸多因素的影响。现代经济与古代经济不同。经济平稳运行，要求货币流与产品流之间高度匹配。经济运行的直接动力是购买，经济发展的推动力是技术进步，经济发展的源动力是人的无限追求。

3.1 现代经济

现代的经济，与之前的经济存在显著差别。为了更好地认识它、理解它，我们需要予以深入分析。

3.1.1 工业文明

从人类生产的技术方式看，主要有：渔猎生产、牧业生产、农业生产、工业生产，各种生产方式都取得了高度成就、创造了高度文明。世界主要国家与地区，都经历了长期的农业文明时期，大约与人类有明确记载的历史相对应。

几种生产方式具有显著的不同：首先，渔猎生产，其收获非常不稳定，而且，在当时的技术条件下，肉食很难贮存，人们生存的风险很大。渔猎方式往往需要采集植物果实与饲养动物，予以配合。牧业生产，比渔猎生产，食物供给可靠得多。但是，往往需要“逐水草而居”，到处“游动”，因此，又被称为“游牧业”。以中国北方的游牧民族看，往往是“人烟稀少”，人口“游动”频繁，导致人们交往少，难以形成高度文明。

农业文明。农业生产，克服了前两种生产方式的不足，保障了食物供应的稳定性。人们长期定居，促进建筑业的发展；人们得以加大了交往。农业生产，主要解决衣、食方面的问题。从中国来看，农业生产，是为了满足生产者自身生活需要，即自给自足的经济；农业生产，历经几千年的发展，取得了辉煌的成就，创建了灿烂的文明。由于土地耕作在农业生产中具有重要作用，农业文明也称为农耕文明。工业生产的发展，反过来促进了农业牧业的发展，中国 2016 年第一产业增加值，是 1978 年的 5.2 倍。

农业生产受地域等诸多因素的限制。从中国来看，受不同纬度的影响，五岭以南地区一年可以种植三季水稻，即一年三熟；而东北地区，只能一年一熟。而且，植物的种类也受到限制，如香蕉、菠萝只能产在两广、台琼等地。全国大部分地区大部分物种，都要受到季节的限制，如小麦只能在夏季收获。华北地区，在整个冬季，农业基本停止生产。农业生产受到不同地表的影响，如戈壁沙漠地区不能从事农业生产。农业生产还受到庄稼亩产的限制，如在使用化肥以前，小麦的亩产在 100~200 公斤之间，因此，总产量提高需要扩大种植面积。农业文明已经几千年，在这几个方面没能发生革命性的突破。近些年，暖棚种植松动了水果蔬菜的季节限制，但是，仍然无法推广到大面积庄稼种植上。在整个农业文明时期，农业生产广布于广大的土地面积上，导致难以提高生产效率。总之，农业生产具有分散性、区域性、季节性、增产的有限性等特点。在农业文明时期，对于生产和财富，难以实现高效管理。

工业文明。以 1760 年代詹姆斯·瓦特发明蒸汽机为标志，人类生产进入机器大工业时代，生产从手工作坊到大机器大工业。在这一时代，通过有效利用煤炭等能源，人类生产的效率大大提高。后续历经电气化、电子化工业革命，人类工业生产的技术，多种多样，丰富多彩。2016 年度，中国第二产业增加值是第一产业的 9.7 倍。工业产品的最终消费，主要解决人们的住、行、用问题。

工业生产，克服了许多农业生产的短处：几乎不受地域限制，如山中挖煤、海底采油。生产不受季节限制，如钢铁生产，可以一年生产 360 天，甚至每天生产 24 小时。产量提升不需要扩大面积。总之，工业生产具有：集中化、规模化、不限时间、不限地点等特点。

工业生产之所以高效率，还有一个重要因素——社会分工。社会分工与高效率大生产，必然导致：生产者是为了交换（或出售）而生产。这样，必然催生商品交换和商业的大发展。

3.1.2 商业文明

商人，为了谋取金钱利润，通过贱买贵卖方式，从事货物贩卖活动。商人是商业的代表，商人精神体现了商业精神，商人与商业融为一体。商人对金钱有着无限进取的精神。在商人看来，其价值或者存在的意义，就是赚取利润。赚取利润的多少，体现其价值的大小、事业成功与否。而且，现代商业环境，包括银行、通讯，尤其信息技术，为巨额财富管理提供了一个平台。无论多少财富，都只是一个数字，因而对这个财富的管理，在数量上是没有上限的。在自然经济时代，以实物为主要财富形式，一个地主能有效管理的田产数量是有限的。商人为了赚取更多的钱，往往不畏艰难，甚至不避危险，所谓“战争打到哪里，商人就跟到哪里”。

商人的职业目的是追逐金钱，终极目的是拥有大量金钱。商人的一切商业活动，如购进商品等，都只是赚钱的手段。商人的经营过程是：货币→实物（商品）→（更多的）货币，贩货赚钱，叫经销商。在现代社会，商人又分化出一类商人，叫券商，或者叫做资本商人、货币商人，出名的如索罗斯、巴菲特。券商，是各类赚钱者中，对赚钱最“穷凶极恶”的。他们的经营过程是：货币→资本品（如股票等，非实物）→（更多的）货币，用钱赚钱。在农业文明时期，地主追求的目标，是拥有更多的土地，富甲一方。地主赚更多钱的途径，是购进更多的土地。地主的主业是把地种好，这样收益就有了保障。在现代社会，工业生产者的目的，在于扩大生产规模，提高技术水平，扩大在行业内的影响力，提高社会地位。他们的赚钱行为，不是目的，而是手段。他们的经营过程可以表示为：实物→货币→（更多的）实物，用产品赚钱。在这里，实物主要包括：原料、产品和设备。这一类人，属于广义的商人，因而，也叫生产商。生产商往往把主要精力放在如何生产出更好的产品上。

在现代经济中，这几种商人属于理论划分，他们之间可以相互转化，也可以“身兼数职”，成立所谓的集团公司。当经销商在经营过程中发现，生产可以带来更大利润时，会转化为生产商。当发现经营证券可以带来更大利润时，会投资证券。有些商人，为了增强抗风险能力，会打造集团公司。

信守合同。这是最基本的商业道德，所有商人都必须做到，这是在商业活动中逐渐形成的。如果商人不能信守合同，可能会给合作者带来不可估量的损失。一部机器，已经有了一万个零件，但是，由于合同失信，导致缺少且只缺少一零件，那么，这部机器就不能实现其功能，甚至无法完成组装，那已有的一万个零件也是浪费。信守合同，现在已经超越商业界，变成整个社会的道德规范。

计量计价。这里的“量”读 liáng。这是一个对人类生产活动有着巨大贡献的“工具”，有了它，从此人类的生产活动变得更聪明了。通过：计量计价、核算成本、核算利润，大大提高了人类生产活动的效率，积累起巨额财富。在自给自足阶段，货物交易所占比重极小，人们都是“多收多吃少收少吃”，“肉烂在锅里”，无需计价，核算也不会带来收益，所以，没有核算。在现代社会，计价已经从生产经营领域扩展到社会管理、工程建设等等许多领域，可以说是会计核算无处不在。而且，在同一事项上，事前有预算，事中有监管，事后有决算。

货物贩卖的行业，称为商业。商人商业很早就有，但是，由于其影响较小，社会地位不高，甚至有时受到国家的抑制。在中国历史上，政府一直是重农抑商政策，所谓“以农为本，以商为末”，商业受到重视与鼓励的情况是很少的，受鼓励的时间上也是很短暂的。甚至，商人商业长期成为全社会批判的对象，所谓“无商不奸”。似乎谈钱即俗，赚钱即奸，贬商的意识在中国人的心理深深扎根。当然，中国的商业，虽然受到“抑商”政策的长期压制，仍然取得了巨大发展，如陶瓷、茶叶、丝绸等，都取得了巨大成就。

然而，欧洲在15世纪及以后的几百年里，商业取得了极大的发展。在重商主义的鼓吹下，结合大航海实践，聚集了大量商业资本，创立了公司制、股份制，创建了现代商业模式。商业的大贸易，直接催生了羊毛织业、养羊业等产业的大规模生产，而大规模生产为工业革命的发生，提供了“温床”。

商业文化及氛围。不同地区、不同人群之间，其商业氛围、商业文化、商业理念是不同的，在其价值体系中，商业的重要性也是不同的。在中国的南方，其商业文化浓于北方，商业理念深入人心，商业信誉好。而中国北方，属于官场文化，人们羞于谈钱，所谓“谈钱就俗了”。南北方之间商业文化不同，商业秩序不同。自改革开放以来，我国北方人的商业理念得到了显著加强与发展，商业文化已经占据了统治地位。

美国的商业文化氛围。美国是一个商人国家，就是整个国家就像一个商人一样逐利。美国人所谓的朋友，就是生意上的合作伙伴。美国做事，首先想到的是，能赚多少钱，而且，精于计算。美国的商人特质还表现在，除了经济利益外，追求商业机会。在我国清朝末叶，列强们纷纷抢夺土地与经济利益，美国却只要商业机会，只需同意与美国做生意就行。抢夺土地是农业文明的反面典型，只要商业机会是商业文明的更高级手段。两次世界大战的起因，都是争夺殖民地。美国的“利益均沾”政策，可以作为商业高度文明的里程碑。在现代，美国与众多盟友的关系，表面上看是保护盟友，实际上美国获得巨大的商业利益。英国与美国相互参照，那么，英国把众多的商业伙伴变成了自己的殖民地，恰恰相反，美国把潜在的殖民地变成了商业伙伴和盟友。

商业文化氛围的浓淡，本没有优劣之分，能够促进经济发展为上。在商业文明发展中，也存在"物极必反"的情况，我们称为商业文明异化。例如，"金钱万能""金钱崇拜"，一些文化遗产被商业开发。更为严重的是，金融资本如投行等，藐视社会道德，兴风作浪，制作金融危机。如 1997 年亚洲金融危机等。

综合上面分析，现代经济就是建立在现代商业与现代工业之上的，或者说，现代经济 = 工业 + 商业。这样，更便于理解现代经济。从中国来看，市场微观主体都是公司，没有工厂了，或者说，工厂已经不是独立的经济主体，而是公司的二级组织。

3.2 货币流与产品流之间的匹配

通过前面对产品流和货币流的分析可以看出，在货币流与产品流之间，只有数量匹配才能保障经济的正常运行。在经济实践中，货币流与产品流，各自受到多重因素影响，并且相互影响，导致：货币流与产品流之间的匹配经常出现偏离；有时出现严重问题，导致宏观经济增长停滞，甚至负增长。

3.2.1 "供求平衡"辨析

"供求平衡"，一般的解释是"市场上商品供应量及其构成与市场上有货币支付能力的商品需求量及其构成之间保持平衡"。意思是，某种商品的供应量，等于其购买量。

"供求平衡"的价格前提。从"供求平衡"的表述看，缺少一个前提：在某一价格下。缺少这个前提，就不能看清"供求是否平衡"的真实情况。1995 年 34 寸长虹彩色电视机每台 7000 元，给长虹电视机厂带来巨额利润。此后，从该峰值持续下跌。

“供求平衡”的生产商利润。很明显，此时所谓的购销平衡，是通过价格调涨实现的。超高价格能带来超额利润，超额利润会引来超量的投资，从而导致严重后果：电视机产能过剩。后来的事实，证明了这一点。只看购销平衡还不够，还要看商品价格是否远离正常值。因此，价格问题需要深入研究。

3.2.2 购买

在现实生活中，我们都亲身经历过花钱买东西的过程。

持币者可以根据自己的需求与判断，改变转而购买某（若干）物品。这时，该货币管流发生改变，即货币流变。由于货币的同质性，该货币流的变化可能是骤变，即货币流骤变。所谓骤变，指短时间内发生显著变化。在具体运用中，可以对不同的产品，作出骤变界定。猪肉在一个月内，其价格变化超过 1 元 / 市斤，为骤变，包括每市斤增加超过 1 元、减少超过 1 元、波幅超过 1 元。

当然，持币者的货币流出是有一定规律的。比如，一个人持有货币，最基本的要为生活而支出货币。特别是具有一定规模的持币者人群，其货币流出具有更强的规律性。掌握这一规律的人，就会获得更高的利润，成为市场的强者。经营服装的商人，总是在扑捉下季服装的流行样式。2013 年 9 月，中国国务院会议决定建设上海自贸区，上海板块股票全面启动。外高桥股在 20 个交易日内增长了 3.5 倍。

宏观地看，持币人货币的流出不外于两个方向：一个是消费，另一个是投资。有时货币还会部分留下来，但将来还是会从这两个方向流出，只是时间早晚而已。总之，都会表现为购买。

购买表现为个体货币的支出，购买尽管具有一定的规律性，但毕竟是一个个个体主观判断的结果，宏观地看，具有强烈的“随意性”。股市对主观性表现得最为强烈。股票买卖双方做出相反的操作，原因是基于相反的判断，因此，股市有“买傻卖傻”的说法。

3.2.3 产品的供求平衡

在传统的市场经济时代，当商品供应量大于购买量时，生产者的产品库存巨大，甚至堆积如山；当商品供应量小于购买量时，市场出现抢购风潮，物价飞涨，伴生囤积居奇等投机现象。而在现代，绝大多数商品供应充足，处于买方市场，基本不会出现商品供应量小于购买量情况。在当前信息时代，市场供求信息能充分、全面、准确、及时地传递给生产商，而且，订单经济得到长足发展，宏观经济调控技术处于较高水平，因此，基本不会出现严重的商品供应量大于购买量情况。而是转化为：市场疲软状况。即看起来，市场供求平衡，销售量等于购买量，实则经济处于负面状态。这是产品层次的供求平衡，记为：$P_{产品}$＝货币数量。如果是某类产品，如电视机供求平衡，记为：货柜电视机总价格＝购买电视机货币数量；如果是家电大类产品，记为家电产品价格流量＝购买家电货币流量；也可以对社会所有产品作平衡计算。选择哪一种或哪几种产品作为对象，由宏观管理者根据具体情况而决定。

产能的供求平衡。单从产品数量层面看，看不出不利情况；要更深入一层，从生产上的产能看。要求产能等于购买力，表示为：$产能_i$＝货币数量。按照国际通行标准，产能利用率超过 90% 为产能不足，79%~90% 为正常水平，低于 79% 为产能过剩，低于 75% 为严重产能过剩。

3.2.4 推论一 富人“让利”给穷人

历史地看，穷人的收入呈现逐步增加的趋势。在工业经济初期，工人工作时间长，一般每天工作十几个小时；工作环境、劳动条件差，没有什么劳动保护；特别严重的是，工资低。泰勒提出科学管理，计算出工人一天，除去吃饭、睡觉、刷牙等生活所用时间，之后所能用于工作的时间。马克思为此奋斗一生，提出劳动力价格概念，论证了当时的工资水平仅够劳动力价格。工资之低，损害了工人的经济权利与人格尊严。

根据新增财富 = 税收 + 工资 + 利润，由于利润主要用于投资，扩大再生产；工资主要用于最终消费。那么，如果利润增长的速度，远大于工资增长的速度，根据产品运动方程可知，最终消费品就会过剩，导致经济危机的发生。经济危机发生时，一面是穷人没有钱购买生活用品，一面是大量产品卖不出去。工业经济的早期，就像马克思所说，每 5~10 年，就要爆发一次经济危机。如何克服经济危机的发生呢？只有增加工人工资。因此，增加工人的工资，不是老板们的“乐善好施”，而是客观规律的要求。没有工人工资的增长，老板们的财富也无法增加。为了增加最终消费能力，还要增加社会弱势群体的收入。

1933 年，美国新任总统罗斯福，面对几年大危机对经济造成的破坏，实施新政。其中一项重要的制度《联邦紧急救济法》，成立联邦紧急救助署，开展紧急救济，实施社会保险，以提高社会购买力。到 1934 年底，有 200 万个家庭得到救济，到 1935 年，共发放 30 亿美元救济金。

1935 年，美国国会通过综合性的《社会保障法》，它标志着现代社会保障制度的形成。截止 2009 年 7 月，社会保障制度已推行到全世界 160 个国家和地区。中国的社会保障体系建设，以政府主导的社会保险、社会救助、社会福利为基础，以城乡基本养老、基本医疗、最低生活保障制度为重点，以慈善事业、商业保险为补充的多层次体系。近年来，农村老年人也开始拿到养老金等。另外，还有最低工资制度等。社会保障制度，除了稳定社会购买力等经济意义外，还具有很强的社会意义。有些国家，如瑞典等，还建立了福利制度。

如果从更前的历史往回看，奴隶制、农奴制被淘汰，也属于这一人类进步趋势。

总之，富人“让利”给穷人，是历史趋势，是经济规律使然，是全社会共识，是由政府实施的。

3.2.5 “经济危机”辨析

先说“危机”，常见的解释是：有危险又有机会的时刻；或危中有机。这是把“危机”中的“危”解释为危险，把“危机”中的“机”解释为机会。关于“危”的解释没有问题，但是，把“危机”中的“机”解释为机会，是错误的。“危机”中的“机”，本意是指：很多因素交织在一起，相互作用。“机”是一种认识，是对当前情况的主观判断，认为这一事物很复杂；也是对未来发展的预期，认为各因素如何变化，且可能变化快、来得猛、深不见底，将来难以把控。在实物方面，“机”比较“器”“皿”，来得复杂：称“机”的如弩机、发动机等，包含多种相互作用的因素；称“器”的如瓷器、乐器、容器等，主观认为相对简单。“械”“具”比较“机”，要来得简单。看看“机”的组词：“军机”，指军队中的复杂问题，引申为艰难紧急地处理复杂军事问题。“转机”，是指难以控制、不断恶化的复杂情况，开始好转。“趁机”，指抓住混乱或紧急情况中的有利因素，实现有利于己的目的，即浑水摸鱼。

那么，“危机”是指：这一危险包含多种因素，并且，这些因素相互作用。“危机”的中心意思是危险，“机”是描述这种危险的，起到副词的作用。危机，是隐藏着的、潜伏着的。借用物理学上的概念，危机，是势能，还没有做功，没有转化为动能。由于“危机”发生时来得猛，因此，一般称“爆发”危机。危机的反义词是平稳。危机的近义词是危险，但二者有着很大不同：一是危险包含的因素简单，而危机则相反。二是危险发作的祸害程度相对较小，是“小害”；而危机则会带来深重灾难，是“大害”，令人恐惧，可以称为“灾难”。因此，经济危机都属于宏观经济范畴。三是危险带来的损害结果，单一并很快明确见底；而危机带来的损害结果，会涉及很多方面，并且需要很长时间才能判断其见底。由此可知，“危机”有了引申义：一是该危险中，各种因素及其关系，事前难以理清；二是该危险发作的时间、发展进程、涉及到哪些方面、带来灾难的深度，事前难以预料；三是预计在该危险发作过程中，关键点难以抓住，难以出台有效措施，机会稍纵即逝，局势难以把握。

“经济危机”，是指经济方面的危机，其经典表现为：商品卖不出去，工厂倒闭，工人失业。“经济危机”的英文是“economic crisis”，是卡尔·马克思在其著作《资本论》中首度提出。“crisis”的意思是：危机；危难时刻；决定性时刻，紧要关头；转折点。推测：在汉语中出现“经济危机”之前，“crisis”不具有“危机”之义项。而之后，“危机”丰富了“crisis”汉语意义。“危机”与“crisis”的后三个义项相比，前者包含的意义更多；而后者的中心意思是“时点”，其副词是“重要”“重大”。对“crisis”来说，事后也可以叫做“crisis”。而“危机”，就本意来讲，是可能，是潜在的“害”。“危机”发生后，即出险，就是现实的“害”。因此，“危机”爆发后，应该叫“灾祸”或“灾难”。如1929年世界经济大危机，在今天，应该叫做“1929年世界经济大灾难”。很显然，“金融危机”与经济危机，二者词性、结构相同，使用方法也相同。如今天说，2008年美国发生金融灾难。由于危机是隐伏状态，因此，在谈到经济危机时，正确的说法是：A国经济存在危机，或者，发现A国存在经济危机。经济危机发作后即发展过程中，应该说：A国经济危机爆发了，A国爆发了经济危机。在经济走出低谷后，即事后说起，应该说：A国发生了经济灾难；而不应该说：A国发生了经济危机。

3.3 价格运动

价格运动的主要因素有两个：第一个因素是产品成本，主要是生产成本，对价格起到长期的基础的作用，也起到稳定的作用。这是从供给角度看，成本对产品价格具有基础性、稳定性作用。中长期来看，它决定着产品价格只能在成本以上区间波动。第二个因素是需求变化。需求量在短期内可以产生大的波动，从额定价格向下影响的幅度相对较小，而向上影响的幅度要大得多，也更常见。农村集市上，活鱼价格总是因为需求波动而随时波动。

另外，营销理论——价格游戏、价格艺术，厂商的营销手段也对产品价格起到较大提升作用，个别案例甚至会达到颠覆性的效果。在当代社会，营销实践对价格的影响是灵活的、艺术的、常见的。客观上，由于现代生产工艺复杂，购方很难判断产品成本、性能优劣等，因此对产品价格失聪，猜出它的合理价格，从而助长虚高。宏观管理者的货币政策、产业政策等，也会影响产品价格。

3.3.1 定价调价

定价，是生产者、销售者经常要做的事，是对他们产品的首次要价。世界上销售产品的定价方法，可谓是五花八门、多种多样，销售者的动机点子、考虑的因素，也是千奇百怪。

最常用的定价方法，是同类产品比较定价法，就是拿自己的产品，与市场上已有的同类产品，在性能、安全、美观、方便等方面相比较，参照其价格，确定自己产品的价格。在 2018 年中国市场上，空调品牌主要有格力、海尔、美的、奥克斯等，他们都有规格“72”变频柜机。产品后上市的厂家首先要比较已上市的产品价格，预测购买者的接受程度，指定销售价格。

新种产品上市，比如电视机：由黑白电视机→彩色电视机→液晶电视机，彩色电视机刚上市，就要参照黑白电视机的价格；同样，液晶电视机刚上市，就要参照彩色电视机的价格。这是同类不同种产品之间的比较定价，比同种产品之间的比较定价，拥有更大空间。技术上的每次小步跨越，都会获得定价权的扩大。新类产品上市，比如汽车产品从无到有、新技术产品上市，只能跟马车比，定价权会更扩大。技术跨越幅度越大，定价权却越大，价格可以更高，利润越大。所以，厂家都会积极创新、推广新技术。人类经济发展的轨迹就是，生产技术越来越先进，产品如汽车，其结构越来越紧密，性能越来越优越，其价格也越来越高，经济不断向前向上发展。

涉农产品主要包括：粮食、肉鱼、蔬菜、水果等，其价格基本属于随行就市，主要是由于其产量受天气影响大而不稳定、保质保鲜期短、需求刚性等。在农业文明时期，人们的生产主要是满足自己生活的需要，农产品价格的起伏，对大部分人的生活影响不大，但对与国家财政有关的人和事业影响较大。在现代商品经济社会，农产品价格的起落，显著地影响广大人民的生活；也严重影响生产者的收益，所谓丰产不丰收、谷贱伤农；还会影响农产品的上下游厂家。为此，中国政府建立储备粮、储备肉制度，稳定农产品价格。

手工业时代，手工业者对产品定价，基本是成本定价法，如木工价格是木料价格与工钱之和。雇佣工人，主要是师傅带徒弟形式，管理与生活是家庭式的。一般地，购买者能判断出多数手工产品的价格；但由于劳动分工，和生产技术进步如化学工业、电子工业，却不能判断出现代工业产品的价格。现代工业产品价格的隐蔽性，为工业企业赚取巨额利润提供可能。

调价，是生产者根据市场供求关系等因素变化，对自己正在销售产品价格的调整。初级农产品粮食、蔬菜、肉蛋等，价格一直处于变动中，难以区分定价与调价。特别是蔬菜类，是“一天一个价”。现代工业产品价格，一般尽量避免调价。

对于销售旺盛的产品，生产者不会简单地涨价处之。生产者会在市场营销理论的指导下，新出一款性能等方面相近产品，外观稍加改善，甚至只是换个包装、定义一个新型号，称为系列产品、升级版，就以更高价格销售。如名酒口子窖、五年窖、六年窖、十年窖，洋河蓝色经典、海之蓝、天之蓝、梦之蓝，每升级一款，价格就翻一番。厂商通过调价增加自身收益。

对于产品不能畅销情况，生产者也不会直接降价促销，常常采取隐蔽降价手段：如“买一送一”“买房送车”等。厂家通过调价减少损失。

侃价。前面描述的定价与调价，都是生产者单方面确定的。还有一种定价法，是由买卖双方确定的，叫侃价，是双向定价。先由卖方“要价”，买方接着指出产品不足并“还价”，买方还价明显低于卖方要价，有时甚至二折还价。卖方接着论述要价理由，二次报价，一般情况下，二次报价低于初次要价。买方接着提出产品的缺点或缺陷，二次还价。经过这样几个来回，最终确定成交价。买卖双方“斗智斗勇”，好不热闹。前面是卖方先要价的，一般是卖方标价出售。对于卖方未标价的，由买方先询价，卖方要价的。也有买方先“出价”的，这种情况一般发生在敞开收购和上门收购模式中。无论如何侃价，买卖双方各有底牌，符合各自较优价格，才会成交。侃价，是中国传统集市买卖的主要方式，至今仍然大量存在。

单向定价是生产者心里定价，定价时，生产者对需求无知，只有感知的付出劳动量、劳动条件艰苦程度、生产环境、风险大小等；认知的产品功用大小、稀有程度等。单项定价，多发生于偶然性交易。近年来，市场上逐渐增多的野菜，就属于单向定价。对需求基本无知，是单向定价的最大特点。这种定价方式，在自然经济时代是最常见的。

市场主体在购买商品时，都要考察商品质量，并对商品价格做出判断。在工业社会之前，基本能实现价格判断。

工业社会之后，随着社会分工与生产工艺的复杂，尤其像化学工业等，让人看不出的成本，也就无法判断其价格。还有其他因素影响价格判断，如分工产生高效，大大降低了利润对应的价格部分；促销策略让人弱化价格判断的意识：医生评点某食品药品的特效，广告、购物街等。

一种新产品需要定价，一种产品在一个新拓展的市场也要定价。对一个新产品上市，要定价；批发市场的各种蔬菜，天天要定价。随着供求关系的变化，经营者要对过去的价格进行调整，我们称为调价。

双向定价，就是定价者在充分了解供需双方关系的情况下，做出的最大利益定价，或者叫最优定价。双向定价是当今市场经营的主流模式，也是最常见的。一种产品在上马前，都要做充分的市场调查，对市场前景进行预判，瞄准需求人群，找准市场定位。在此基础上，制定产品价格。较大规模企业都是双向定价，属于理性定价法。

定价方法现在已经发展到超级定价阶段——营销策略定价，以定价引导销售，改变以前适应需求合理定价。

3.3.2 经济中的“水分”

利润，是投资的根本追求，是企业经营的最终成果，是社会新增财富的一部分。利润可以细分为：毛利、纯利及除税前盈利。按照不同产业，利润可以分为工业利润、农业利润、商业利润等。我们这里说的利润，是指净利润。净利润＝利润总额－所得税费用，利润总额＝营业利润＋营业外收入－营业外支出，营业利润＝营业收入－营业成本－营业税金及附加－销售费用－管理费用－财务费用－资产减值损失＋公允价值变动损益（－公允价值变动损失）＋投资收益（－投资损失）。

利润率，其主要形式有：销售利润率、成本利润率、产值利润率、资金利润率、净利润率。我们这里所说的利润率，是指投资净利润率，即净利润（税后利润）与投资总额的比率。

全社会平均利润率，即全社会净利润总额与全社会投资总额之间的比率。从时间上来看，全社会平均利润率呈现逐渐下降的走势。横向比较看，不同国家之间，其平均利润率各不相同。由于投资的趋利本性，这就引起投资在国家间流动，从平均利润率低的国家流向平均利润率高的国家。

全行业平均利润率，即全行业净利润总额与全行业投资总额之间的比率。横向比较看，不同行业之间，其平均利润率各不相同。由于投资的趋利本性，这会引起投资在不同行业间流动，从平均利润率低的行业流向平均利润率高的行业。但是，由于各行业在其他方面具有不同特点，会阻止投资转移，从而，行业高利润率会保持较长时期。比如，投资建设周期长的行业，其平均利润率会高于“短、平、快”行业；竞争风险大的行业、高技术行业，其平均利润率会高些；垄断经营行业如中国供电、供水、卷烟生产等行业，平均利润率会高些；还有行业惯例、行业壁垒等因素，增加了投资转移的难度。这样，较长期的高低排序比较稳定的各行业平均利润率，形成谱系。

根据国家税务总局企业所得税税源报表统计数据测算，各行业平均利润率测算结果如下：工业，7%；运输业，9%；商品流通业（包括批发和零售），3%；施工房地产开发业，6%；旅游饮食服务业，9%；其他行业，8%。北京市公布部分行业平均利润率：文化体育和娱乐行业的平均利润率最高达到 25.1%；电信和其他信息传输服务业的主营业务利润率达到 33.6%；软件业达到 26.8%；制药业达到 23%。

一个国家，如果很多行业存在超高利润，对应价格上涨，经济形势高涨，那么，通俗地讲：该国经济含有“水分”。

3.3.3 “通货膨胀”辨析

一般地认为，通货膨胀是指在货币流通条件下，因货币供给大于实际需要，即现实购买力大于产出供给，导致货币贬值，引起物价普遍且持续上涨的现象。通货膨胀这一概念表达的要点是“物价上涨”，而“通货膨胀”本意是市面“钱多了”，显然，用“通货膨胀”来描述物价上涨，属于媒体语言，是“词不达意”或

“用词不准”了，作为专业术语是不可以的。通货膨胀会对物价上涨形成拉力，但不一定会释放这一拉力，或者是没有实现拉动作用。在当前纸币流通情况下，其流通数量是可以调整和控制的，超发货币不一定导致购买力大于供给。货币存量不等于购买力，一定货币存量，在经济高涨时，购买力会放大。同样的货币存量，在经济萧条时，购买力会缩小，这种现象叫通货紧缩。

现在一说到通货膨胀，我们就意指：物价上涨。对于通货膨胀，一般解释是：在货币流通条件下，因货币供给大于实际货币需求，即现实购买力大于产品供给，导致货币贬值，引起一段时间内物价普遍且持续上涨的现象。其实质是全社会产品总需求大于产品总供给。事情发生的逻辑顺序是这样的：①物价上涨了；②查找原因，是购买力大于产品供给；③进一步分析，认为是因为钱多了，即“通货膨胀”。“通货膨胀”的本义是：“钱多了”。但对其解释的因果顺序是这样的：①因为钱多了；②造成购买力大于产品供给；③导致货币贬值；④因而，引起物价上涨。两个顺序是颠倒的。这里存在几个问题：①“一段时间内物价普遍且持续上涨”需要界定。②事前如何判断“钱多了”？到目前为止，没有哪位经济学家能可靠地计算出市场应当保有多少货币。③购买力≡产品供给，因为买≡卖。④“货币贬值”，涉及到“价值”概念，而价值在实证分析中是难以定量的。⑤钱多了后，不一定导致物价上涨。

通货膨胀的英语翻译是“inflation”，该单词的义项有：通货膨胀；膨胀；夸张；自命不凡。其中，后三个义项是通常的、原有的意义；第一个义项属于经济专业用词，并且，在表达通货膨胀时，不需要增加“通货”一词。

在现实中，通货膨胀的逻辑关系是这样的：①经济出现症状——物价普遍且持续上涨。②经过分析，判断其原因是购买力上升。③进一步分析，找出原因是货币供应量大增，即原本意思的“通货膨胀”。第②步判断购买力上升，本身没有错，但还有一种可能——产品供给量下降，如灾害过后。因此，应该这样解释：通货膨胀，在信用货币制度下，是由于流通中的货币数量显著大于常态，导致购买力上升，引起物价普遍且持续上涨的现象。

“通货膨胀”，词与义之间，相距较远。

通货膨胀，能导致物价上涨。1935 年，国民党推行“法币改革”，同年 11 月 4 日，发行法币。到抗日战争前夕，法币发行额增长超过 3 倍。抗日战争期间，法币发行额迅速增长起来，1945 年 8 月抗日战争结束时，法币发行额为 1937 年 7 月时的 340 多倍，同一时期，物价上涨约 2000 倍。从 1937 年 6 月到 1948 年 8 月，法币发行量增至 470000 倍，同一时期，上海物价上涨 4927000 倍。1937—1949 年，100 元法币购买力变化：1937 年，可以买黄牛 2 头；1938 年，可以买黄牛 1 头；1939 年，可以买猪 1 头；1941 年，可以买面粉 1 袋；1943 年，可买鸡 1 只；1945 年，可买鸡蛋 2 个；1946 年，可买固体肥皂 1/6 块；1947 年，可买煤球 1 个；1948 年 8 月 19 日，可买大米 0.002416 两；1949 年 5 月，可买大米 0.00000000185 两（即 1 粒大米的 2.45%）。

例如，中国在 1980 年、1988 年、1994 年，发生 3 次比较严重的通货膨胀。

通货膨胀，并不必然导致物价上涨。

案例 3–1 1994 年，中国通货膨胀：全国商品零售物价指数增幅 27.1%；居民消费价格指数增幅 24.1%。1991 年经济增长率为 9.2%，1992 年为 14.2%，1993 年为 14%，1994 年为 13.1%。1992 年流通货币量比上年增加 36.4%，1993 年增加 35.3%。1992 年、1993 年两年货币投放量增长率，高于经济增长率与物价涨幅之和。1994 年末，货币流通量约为 7270 亿元，比上年增长 24%，与工业总产值增长率 21.35%，相差不大。经分析，认为：1994 年物价上涨，是由于 1992 年、1993 年流通货币量大增，积累并滞后作用所导致的。

从上述案例可以看出：1992年货币存量大增，没有导致1992年物价出现恶性上涨；1992年、1993年，连续两年货币存量大增，没有导致1993年物价出现恶性上涨。如果1994年采取对冲措施，恰当且力度足够，应该可以避免1994年物价恶性上涨。因此，可以得出结论：货币存量增大，并不必然导致物价恶性上涨。

2008年，中国政府增加投资4万亿，并没有导致物价显著上涨。

物价上涨，并不必然由通货膨胀引起，其他原因也可能引起物价上涨。除通货膨胀能够导致物价上涨外，还有其他一些因素：第一类，自然灾害、战争等重大变故，造成物资短缺，导致物价恶性上涨。第二类，石油、电力等普遍使用性基础物资涨价，发生成本推动型物价上涨。

美国发生"滞涨"情况。美国从1969年12月爆发经济危机到1982年12月经济复苏为止，长达13年时间，一直处在"滞涨"阴影下。即实际GDP平均增长速度只有2.9%，显著低于此前GDP平均增长速度3.87%至5.69%。而年平均通货膨胀率10.46%，而战后平均通货膨胀率为2.33%至3.54%。

综上所述，我们可以得出：不宜使用"通货膨胀"概念来表示物价上涨，在经济专业领域尤其如此。

3.3.4 中准价格

全社会平均投资利润率对应的产品价格，如在某时期，某家电企业的利润率，恰好等于同时期该行业平均利润率，此时其产品洗衣机价格，我们称为平均利润（率）价格，简称1倍率价格。由于它是理想的价格，我们称之为中准价格，或者额定价格。以此类推，2倍全社会平均投资利润率对应的产品价格，简称2倍率价格；3倍全社会平均投资利润率对应的产品价格，简称3倍率价格；5倍全社会平均投资利润率对应的产品价格，简称5倍率价格；等等。另外，对“0”利润对应的产品价格，我们称为零利润价格；半倍利润率对应的产品价格，称为半倍率价格；亏损对应的产品价格，称为负利润价格或亏损价格。

明确中准价格，对经济管理有着广泛的指导意义。第一，对于不以营利为目的的社会公益性单位，如医院、学校、物业管理公司，国家可以以中准价格为主要参考，给予价格指导。第二，我们平常所说“供求是否平衡”的问题，其实都有一个隐含的前提，即物价在正常范围内，或者说，在中准价格附近。因为，现实的需求与供给永远平衡，即买≡卖。第三，某种产品超高价格所带来的超额利润，会引起某一行业的畸形发展，造成该行业的泡沫。另一方面，会挤占其他行业的投资。所谓泡沫，宏观地看，就是常说的经济中的水分。如果多个行业出现这种状况，会形成经济过热。随着，容易走向另一个极端：产能过剩，价格暴跌；导致一些厂家亏损，甚至倒闭；造成社会资源浪费，本行业发展遭受挫折。因此，宏观经济管理者应当根据某产品当前价格水平，比较其中准价格，决定采取何种产业调控措施，熨平该产品价格，保障该行业平稳发展。特别对大宗产品、关键产品，要作价格监控，根据不同情况实施经济调控措施。

在具体操作上，根据某行业长期利润率走势，按照有利于该行业长期稳定发展的原则，确定该行业的基准利润率水平。根据这一基准利润率，计算出该类产品的中准价格，并据此预设各级预警价格。

3.4 经济发展

经济运行，强调的是运行平稳，不出现大的波动。经济发展，强调的是经济规模的扩大，表现为 GDP 数值增大。历史地看，经济发展有两大动力：人口增长与技术进步。

3.4.1 人口增长

在生产、生活技术模式不变的情况下，人口增长是经济增长的主要动力。当前世界，发达经济体之间比较，由于它们达到充分发展，人均 GDP 相近，那么，人口就成为国家 GDP 的唯一决定因素。近代英国，由于工业革命首先发生于此，所以，成为经济大国、世界霸主。美国经过多年的追赶，终于凭借人口优势，于 1894 年 GDP 总量超过英国。但此时，美国的人均 GDP，不到英国的一半。美国继续发展，在第二次世界大战后，达到充分发展状态，终于成为经济强国、经济超级大国。

在英国经济称霸世界之前，先后有葡萄牙、荷兰成长为世界经济强国，由于它们人口只有英国的十分之一量级，因此，他们被后期的大国超过，是“命中注定”的。如果横向地国与国之间比较，人口之于推动一国经济超过另一国，是必要的，但不是充分的。如中国、印度，都是人口超级大国，但都是发展中国家，经济规模地位都大大弱于人口规模。但如果历史地看一国经济，人口之于推动经济增长，即是必要的也是充分的。

当前，世界主流意见，预测：中国于 2035 年之前，经济规模将超过美国。那么，凭的是什么？是人口。中国人口规模是美国的 4 倍。只有具备如此规模的人口数量，才有超越美国 GDP 的可能。届时，中国还会继续增长，且增速远高于美国。如果没有突发意外情况打断，按照一般轨迹，中国将于 2050 年，GDP 规模增长到美国的 2 倍。

3.4.2 技术进步

与农业文明时期相比，在现代生活中，除食物及其原料之外，一切都“面目全非”，这些都是技术进步带来的。从 GDP 数据看，中国 2016 年第一产业增加值占 8%，第二产业增加值占 40%，第三产业增加值占 52%。第二产业增加值全部是技术创新的成效。

其实，第一、三产业增加值也离不开第二产业的支撑，如现在的农业生产用到的农机具、农药、化肥，第三产业的现代通讯、运输等，都属于技术的创新。生活中的实力到处都是：汽车、高铁、飞机、轮船，电力、手机、互联网，住房、衣服等等，这些，构成经济规模。而且，只有现代工业的支持下，粮食产量等第一产业增加值才会得到显著提高。根据直观的感受，现代经济中 90% 部分都是工业社会技术进步带来的。因此说，技术进步是推动经济发展的动力。

然而，对于技术研发的投入是巨大的，美国是多少，中国呢，就是说，技术进步的成本是巨大的。

特别的，技术进步具有偶然性，即不是说投入多少钱后，就能获得新技术。技术投入具有很大风险。对于饱和型经济来说，研发投入。

3.4.3 推论二 先进国家“等着”后进国家追上来

由于商业的扩张性，或者资本的扩张性，在本国市场饱和后，肯定会积极开拓海外市场。英国是世界上第一个完成工业革命的国家，在完成工业革命后，积极拓展海外市场。侵略占领南亚次大陆；以坚船利炮叩开中国的大门；建立大量的殖民地。英国在 19 世纪初，达到鼎盛，被称为“大英帝国”。有 4~5 亿人口，占当时世界人口的四分之一。鼎盛时期，有 56 个殖民地，遍布除南极洲外的六大洲。在亚洲有 10 个殖民地：新加坡、印度、巴基斯坦、孟加拉国、马尔代夫、斯里兰卡、马来西亚、文莱、缅甸、民主也门。在非洲有 21 个殖民地：南非、汤加、塞舌尔、喀麦隆、莱索托、博茨瓦纳、加纳、莫桑比克、马拉维、坦桑尼亚、津巴布韦、尼日利亚、斯威士兰，赞比亚、塞拉利昂、毛里求斯、纳米比亚、乌干达、肯尼亚、冈比亚。美洲地区 8 个殖民地：加拿大、圭亚那、特利尼达和多巴哥、林纳达、牙买加、格巴哈马、伯利兹、安提瓜和巴布达。大洋洲地区有 14 个殖民地：澳大利亚、图瓦卢、新西兰、所罗门群岛、瑙鲁，瓦努阿图、圣卢西亚、圣文森特和格林纳丁斯、萨摩亚、圣克里斯多福与尼维斯、斐济、巴布亚新几内亚、巴巴多斯、基里巴斯。欧洲地区有 3 个殖民地：爱尔兰，马耳他，塞浦路斯。大英帝国包括：英国本土、及其治下的自治领、殖民地、领地、托管地和保护国，面积 3367 万平方公里，占世界陆地面积的四分之一，是英国本土面积的 111 倍。这样，无论时钟指向几点，大英帝国的土地上，都会有阳光普照，因此，英国被称为“日不落帝国”。

后起之秀法国，也学着英国的样，满世界地开拓市场。在二十世纪初，达到巅峰，成为仅次于英国的第二大殖民帝国。殖民地面积 1234.7 平方公里，是本土面积的 22.4 倍。

英国、法国在剥削殖民地利益的同时，给殖民地带去了工业产品、工业技术、新的管理与思想，强制着殖民地选用新的先进技术，推动着殖民地经济的发展。

从工业化的先后顺序看，英国是第一个工业化国家，也是工业化母国。其后，依次有法国、德国、意大利，俄罗斯、美国、加拿大，日本，这些是早期的。

综合多个指标，认定当前世界上有 31 个发达国家。欧洲 23 个：英国、爱尔兰、法国、荷兰、比利时、卢森堡、德国、奥地利、瑞士、挪威、冰岛、丹麦、瑞典、芬兰、意大利、西班牙、葡萄牙、希腊、斯洛文尼亚、捷克、斯洛伐克、马耳他、塞浦路斯。

北美洲 2 个：美国、加拿大。

大洋洲 2 个：澳大利亚、新西兰。

亚洲 4 个：日本、韩国、新加坡、以色列。

二战后到目前，有新加坡、韩国、以色列、波罗的海三国和东欧一些国家或地区成功成为发达国家。

另有一些如文莱、沙特、卡塔尔等，属于高收入国家，由于资源超丰富，且人口较少，不需要也没有人手发展一般工业，因此，没有算作发达国家。但是，很明显，它们是现代工业化的受益国。

有些国家，虽然已经完成工业化，但是，由于国家经济竞争力不强，收入水平不高，还停留在中等收入国家行列。

由于发达国家标准是不断提高的，国家竞争力总是有强弱之分，因此，我们认为，凡是完成工业化的国家和地区，及高收入的国家和地区，都应该算作“赶上来”的国家和地区。

可以看出，赶上来的国家和地区，是不断增多的，这是一个趋势。

但是，后进国家坐等是不能成为发达国家的。第一阶段，少消费多积累。后进国家要积极扩大出口，扩大外贸顺差，增大外汇储备，掌握市场的主动权；大量进口先进设备，扩大生产规模，培养技术人才，锻炼管理类人员。经过若干年积累与提高，跟紧先进国家、先进技术、先进理念。

第二阶段，越过中等收入陷阱。中等收入陷阱的主要原因，是国内不能形成世界一流的技术及拥有该技术的企业。成功的案例如韩国，其汽车、电子技术都是世界一流的技术，现代汽车、三星电子，其产品在世界市场都占有较大市场份额。有了这些产品的大量出口，国内的生产要素就能够得到充分应用，提高 GDP，提高收入，从而越过中等收入陷阱。

通过以上分析，可以看出，中国由于拥有高铁、输变电、核电、修路建桥、造船、大飞机、人工智能等世界一流技术，及相应产品，还有移动支付等多项领先的创新与普及，可以断定：中国必能越过中等收入陷阱。

第4章　GDP增速应该是多少

2013年伊始，中国经济界的专家大腕们，利用经济年会、经济评论等平台，纷纷出来讲话，说中国经济要换档减速，有的说换档升级，有的说要换档转型。各种媒体纷纷报道，这一类消息纷至沓来。后来中央政府把2013年的经济增长预期定为7.5%。与以往的预测争论不同的是，这一次的中国经济“换档说”，调子一致，没有听到不同的声音。

其实，一直以来，都有对宏观经济形势的预判，同样，一直都有不同的结论，而且，结论常常截然相反，常常争论不休。最多见的争论，是宏观经济是否过热？早在1998年，就有观点说：中国经济将进入次增长阶段。2008年就有中国经济换档说，2012年开始，也出现中国经济换档说。同期还有，就有中国经济高速增长状态能够持续多久的讨论，2010年，也有著名经济学家发表评论：中国经济高速增长还可以保持较长时期。

以上争论说明，GDP增速的问题，还没有答案。因此，互相争论，莫衷一是。笔者查阅大量资料，也没有找到对GDP潜在增速的计算。到目前为止，还没有人计算出GDP增速应该是多少，或者说，GDP潜在增速。

鉴于此，笔者的目标是计算GDP潜在增速，以此评判经济增长的状态。笔者的思路是：以现有的各经济体历年经济增长速度数值，来寻找GDP潜在增速。具体方法是：用GDP实践数值，倒推GDP增速与其他经济指标的数量关系。

4.1 GDP 计算方法

国内生产总值（GDP）是指一个国家（或地区）所有常住单位在一定时期内生产的全部最终产品和服务价值的总和，它综合反映一国（或地区）的经济实力和市场规模。GDP 是宏观经济核算体系——国民账户体系中的核心指标，GDP 是宏观经济中最受关注的经济统计数字。GDP 反映的是国民经济各部门的增加值的总额。一定时期强调的是该时期内“新”增加的最终产品和提供的劳务，往期的不算。例如二手车，二手房等都不算当年的国内生产总值。这是一个流量的概念，而非存量的概念，它仅指该时期内新生产出来的东西。

国民生产总值（GNP），与国内生产总值（GDP）概念相近。GNP 是一个国民概念，是指某国国民所拥有的全部生产要素在一定时期内所生产的最终产品的市场价值。例如，一个在日本工作的美国公民所创造的财富计入美国的 GNP，但不计入美国的 GDP，而是计入日本的 GDP。在 1991 年之前，美国均是采用 GNP 作为经济总产出的基本测量指标，后来因为大多数国家都采用 GDP，加之国外净收入数据不足，GDP 相对于 GNP 来说是衡量国内就业潜力的更好指标，易于测量，所以美国才改用 GDP。国民生产总值（GNP）这个指标已被更名为国民总收入（GNI）。在经济学中，常用 GDP 和 GNI 共同来衡量该国或地区的经济发展综合水平。这也是各个国家和地区常采用的衡量手段。

GDP 包括名义的和实际的两个数值，实际 GDP 和名义 GDP 通常是不等的，只有在计算实际 GDP 固定价格的基数年相等。名义 GDP 是指一定时间内所生产的商品与劳务的总量乘以“货币价格”或“市价”而得到的数字。市价是波动的，因而，名义 GDP 会随着市价而波动。因此，即使总产量没有增加，仅价格水平上升，名义 GDP 仍然是会上升的。在价格上涨的情况下，GDP 的上升只是一种假象。为此，引入实际 GDP。通过物价指数，对名义 GDP

进行折算。

实际 GDP ＝名义 GDP ÷ 本地生产总值平减物价指数（指以基期为 100 该期间的指数），名义 GDP ＝实际 GDP × 本地生产总值平减物价指数。

这样，通过对名义 GDP 做出调整，从而精确地反映产出的 GDP 实际变动，GDP 具有了可比性。

名义 GDP 增长率＝［（1+ 实质 GDP 增长率）×（1+ 本地平减物价指数升幅）—1］× 100%

实质 GDP 增长率＝［（1+ 名义 GDP 增长率）/（1+ 本地生产总值平减物价指数）—1］× 100%

GDP 增长率，在本书中称为 GDP 增速。一个国家或地区的经济究竟处于增长抑或衰退阶段，从实际 GDP 增速数据的变化即可观察到。当 GDP 增速是正数时，即显示该地区经济处于扩张阶段；反之，如果是负数，即表示该地区的经济处于衰退时期。

1985 年以前，中国国民经济核算采用源于苏联计划经济的物质平衡表体系（MPS）。1985—1992 年，引进联合国推荐的适用于市场经济的宏观经济核算体系——国民账户体系（SNA），为两种核算体系并行阶段。1993 年以后，中国正式放弃多年使用的物质平衡表体系（MPS），只采用新的国民账户体系（SNA）。GDP 成为中国国民经济核算的核心指标。

中国国家统计局核算出 GDP 数据，包括初步核算数、初步核实数和最终核实数三个数据形式：初步核算数，于年后 15 日内公布；在获得较充分资料并核实后，形成初步核实数，于次年 9 月份公布；在经过进一步核实后，形成最终核实数，一般于后年 3 月公布。此外，当发现或产生新的资料来源、新的分类法、更准确的核算方法或更合理的核算原则时，要对 GDP 数据进行历史数据调整，以使每年的 GDP 具有可比性，这是国际惯例。如美国在 1929 年至 1999 年之间就进行过 11 次历史数据调整。

GDP 有三种形态，即价值形态、收入形态和产品形态。在实

续表

际核算中，国内生产总值的三种表现形态对应着三种计算方法，即生产法、收入法和支出法，三种方法分别从不同的方面反映国内生产总值及其构成。用生产法、收入法、支出法计算的结果分别称为生产法 GDP、收入法 GDP 或分配法 GDP、支出法 GDP。按三种方法计算的 GDP 反映的是同一经济总体在同一时期的生产活动成果，因此，从理论上讲，三种计算方法所得到的结果应该是一致的。但在实践中，由于受资料来源、口径范围、计算方法等因素的影响，这三种方法的计算结果往往存在差异即存在统计误差。统计实践中，一般以国民经济核算体系的支出法为基本方法，即以支出法所计算出的国内生产总值为标准。

在中国实际核算中，生产法和收入法分别运用于不同的产业部门：对某些产业部门，如农业、工业部门，运用生产法计算；对某些产业部门如一些服务部门，运用收入法计算。因此，在中国生产法 GDP 等于收入法 GDP，但支出法 GDP 大多数情况下与之不同。中国一般以生产法 GDP 和收入法 GDP 数据为准，但将支出法 GDP 与生产法 GDP 的统计误差控制在一定范围内（一般是 2%）。中国各种公开发表的 GDP 总量和增长速度数据均是生产法和收入法的计算结果。

4.1.1 生产法

从价值形态看，GDP 是所有常住单位在一定时期内所生产的全部货物和服务价值超过同期投入的全部非固定资产货物和服务价值的差额，即所有常住单位的增加值之和。生产法是从生产的角度衡量常住单位在核算期内新创造价值的一种方法，即从国民经济各个部门在核算期内生产的总产品价值中，扣除生产过程中投入的中间产品价值，得到增加值。核算公式为：增加值＝总产出－中间投入。用生产法核算 GDP，是指按提供物质产品与劳务的各个部门的产值来计算国内生产总值。生产法又叫部门法，它反映了国内生产总值的来源。

在中国统计实践中，生产法 GDP 分为四项：

GDP ＝劳动者报酬 + 生产税净额 + 固定资产折旧 + 营业盈余

第一项为劳动者报酬。是指劳动者因从事生产活动所获得全部报酬。包括劳动者获得的各种形式的工资、奖金和津贴，既包括货币形式的，也包括实物形式的；还包括劳动者所享受的公费医疗和医药卫生费、上下班交通补贴和单位支付的社会保险费等。

第二项为生产税净额，指生产税减生产补贴后的余额。生产税指政府对生产单位生产、销售和从事经营活动，以及因从事生产活动使用某些生产要素（如固定资产、土地、劳动力）所征收的各种税、附加费和规划费。生产补贴与生产税相反，是指政府对生产单位的单方面的收入转移，因此视为负生产税，包括政策亏损补贴、粮食系统价格补贴、外贸企业出口退税等。

第三项为固定资产折旧，是指一定时期内为弥补固定资产损耗按照核定的固定资产折旧率提取的固定资产折旧。它反映了固定资产在当期生产中的转移价值。

第四项为营业盈余，是指常驻单位创造的增加值扣除劳动报酬、生产税净额和固定资产折旧后的余额。它相当于企业的营业利润加上生产补贴。

运用生产法进行计算时，各生产部门要把使用的中间产品的产值扣除，只计算所增加的价值。商业和服务等部门也按增值法计算。卫生、教育、行政、家庭服务等部门无法计算其增值，就按工资收入来计算其服务的价值。

4.1.2 收入法

从收入形态看，GDP是所有常住单位在一定时期内所创造并分配给常住单位和非常住单位的初次分配收入之和。这种方法又叫要素支付法、要素成本法。收入法是从生产过程创造收入的角度，根据生产要素在生产过程中应得的收入份额反映最终成果的一种核算方法。按照这种核算方法，增加值由劳动者报酬、生产税净额、固定资产折旧和营业盈余四部分相加得到。收入法核算 GDP，就是从收入的角度，把生产要素在生产中所得到的各种收入相加的和，即把劳动所得到的工资、土地所有者得到的地租、资本所得到的利息以及企业家才能得到的利润相加来计算 GDP。间接税是对产品销售征收的税，它包括货物税、周转税。这种税收名义上是对企业征收，但企业可以把它打入生产成本之中，最终转嫁到消费者身上，故也应视为成本。同样，还有企业转移支付（即企业对非营利组织的社会慈善捐款和消费者呆帐），它也不是生产要素创造的收入，但要通过产品价格转移给消费者，故也应看作成本。资本折旧也应计入 GDP。因为它虽不是要素收入，但包括在应回收的投资成本中。

这样，按收入法计算 GDP 的公式就是

GDP ＝工资 + 利息 + 利润 + 租金 + 间接税和企业转移支付 + 折旧

也可看成是：

GDP ＝生产要素的收入 + 非生产要素的收入

还有，非公司企业主收入也应计入 GDP 中。非公司企业主收入，是指医生、律师、小店铺主、农民等的收入。他们使用自己的资金，自我雇用，其工资、利息、租金很难象公司的帐目那样，分成其自己经营应得的工资、自有资金的利息、自有房子的租金等，其工资、利息、利润、租金常混在一起作为非公司企业主收入。

4.1.3 支出法

支出法是从最终使用的角度衡量核算期内产品和服务的最终去向，包括最终消费支出、资本形成总额和货物与服务净出口三个部分。支出法核算 GDP，是从产品的使用出发，把一年内购买的各项最终产品的支出加总而计算出的该年内生产的最终产品的市场价值。这种方法又称最终产品法、产品流动法。从产品形态看，它是最终使用的货物和服务减去进口货物和服务。从支出法来看，国内生产总值包括一个国家（或地区）所有常住单位在一定时期内用于最终消费、资本形成总额，以及货物和服务的净出口总额，它反映本期生产的国内生产总值的使用及构成。

如果用 Q_1、Q_2……Qn 代表各种最终产品的产量，P_1、P_2……Pn 代表各种最终产品的价格，则使用支出法核算 GDP 的公式是：

$Q_1*P_1+Q_2*P_2+\cdots\cdots Qn*Pn = GDP$

在现实生活中，产品和劳务的最后使用，主要是居民消费、企业投资、政府购买和出口。因此，用支出法核算 GDP，就是核算一个国家或地区在一定时期内居民消费、企业投资、政府购买和净出口这几方面支出的总和。

居民消费（用字母 C 表示），包括购买冰箱、彩电、洗衣机、小汽车等耐用消费品的支出、服装、食品等非耐用消费品的支出以及用于医疗保健、旅游、理发等劳务的支出。建造住宅的支出不属于消费。

企业投资（用字母 I 表示），是指增加或更新资本资产（包括厂房、机器设备、住宅及存货）的支出。投资包括固定资产投资和存货投资两大类。固定资产投资指新造厂房、购买新设备、建筑新住宅的投资。为什么住宅建筑属于投资而不属于消费呢？因为住宅像别的固定资产一样是长期使用、慢慢地被消耗的。存货投资是企业掌握的存货（或称成为库存）的增加或减少。如果年初全国企业存货为 2000 亿美元，而年末为 2200 亿美元，则存货投资为 200 亿美元。存货投资可能是正值，也可能是负值，因为年末存货价值可能大于也可能小于年初存货。企业存货之所以被视为投资，是因为它能产生收入。从国民经济统计的角度看，生产出来但没有卖出去的产品只能作为企业的存货投资处理，这样是从生产角度统计的 GDP 和从支出角度统计的 GDP 相一致。

政府购买（用字母 G 来表示），是指各级政府购买物品和劳务的支出，它包括政府购买军火、军队和警察的服务、政府机关办公用品与办公设施、举办诸如道路等公共工程、开办学校等方面的支出。政府支付给政府雇员的工资也属于政府购买。政府购买是一种实质性的支出，表现出商品、劳务与货币的双向运动，直接形成社会需求，成为国内生产总值的组成部分。政府购买只是政府支出的一部分，政府支出的另一部分如政府转移支付、公债利息等都不计入 GDP。政府转移支付是政府不以取得该年生产出来的商品与劳务的作为报偿的支出，包括政府在社会福利、社会保险、失业救济、贫困补助、老年保障、卫生保健、对农业的补贴等方面的支出。政府转移支付是政府通过其职能将收入在不同的社会成员间进行转移和重新分配，将一部分人的收入转移到另一部分人手中，其实质是一种财富的再分配。有政府转移支付发生时，即政府付出这些支出时，并不相应得到什么商品与劳务，政府转移支付是一种货币性支出，整个社会的总收入并没有发生改变。因此，政府转移支付不计入国内生产总值中。

净出口（用字母 X–M 表示，X 表示出口，M 表示进口）是指进出口的差额。进口应从本国总购买中减去，因为进口表示收入流到国外，同时，也不是用于购买本国产品的支出；出口则应加进本国总购买量之中，因为出口表示收入从外国流入，是用于购买本国产品的支出，因此，净出口应计入总支出。净出口可能是正值，也可能是负值。

把上述四个项目加起来，就是用支出法计算 GDP 的公式：

$$GDP = C + I + G + (X - M)$$

在中国的统计实践中，支出法计算的是国内生产总值划分为最终消费、资本形成总额和货物和服务的净出口总额，它反映了本期生产的国内生产总值的使用及构成。

最终消费分为居民消费和政府消费。居民消费除了直接以货币形式购买货物和服务的消费外，还包括以其他方式获得的货物和服务的消费支出，即所谓的虚拟消费支出。居民虚拟消费支出包括以下几种类型：单位以实物报酬及实物转移的形式提供给劳动者的货物和服务；金融机构提供的金融媒介服务；保险公司提供的保险服务。

通过支出法计算的GDP，我们可以计算出消费率和投资率。所谓消费率就是最终消费占GDP的比率，所谓投资率就是资本形成总额占GDP的比率。2005年中国的消费率为52.1%，投资率为43.4%。同世界水平相比中国的消费率明显偏低。

GDP核算的生产范围包括以下三个部分：第一，生产者提供或准备提供给其他单位的货物和服务的生产；第二，生产者用于自身最终消费或资本形成的所有货物的自给性生产；第三，自有住房拥有者为自己最终消费提供的自有住房服务，以及付酬的自给性家庭服务生产。生产范围不包括不支付报酬的自给性家庭服务、没有单位控制的自然活动（如野生的、未经培育的森林、野果或野浆果的自然生长，公海中鱼类数量的自然增长）等。

GDP核算主要以法人单位作为核算单位，在核算中依据法人单位从事的主要活动将其划分到不同的行业，分别计算各个行业的增加值，再将各行业增加值汇总得到GDP。

4.2 GDP实践增速

所谓GDP实践增速，就是宏观经济主体在往年实现的GDP增速，它属于过去时，具有真实性客观性。我们通过这些实践增速，探索未来GDP预期值。通过对各国历年GDP数据的搜集、梳理，选取部分特点突出、具有代表性、数据质量较高的宏观经济主体GDP数据，经过进一步分析、探索，推导出我们的结论，论证我们的命题。

我们选取两个国家：韩国、中国，作为研究对象。这样选择主要有三个原因：一是这两个国家在当代，都有经济高速发展的突出表现。二是这两个国家在人口、疆域方面看，一个超大，一个较小，具有显著的代表性。三是这两个国家的基础数据比较容易取得。

4.2.1 单年 GDP 增速极大值

中国国家统计局每年都要核算、公布中国年度 GDP 数据，世界绝大多数国家都如此。就是对于我们来说，每年 GDP 数据是现成的。GDP 环比指数是当年 GDP 比去年 GDP 的商，即

第 n 年 GDP 环比指数＝第 n 年 GDP/ 第（n–1）年 GDP

4.2.1.1 韩国年度 GDP 增速

2005 年，联合国贸发会议新闻公报宣布，韩国等 8 个国家加入发达国家行列，韩国成为继日本、新加坡后的第三个亚洲发达国家。20 世纪 60 年代，韩国经济高速增长，迅速崛起为“亚洲四小龙”之一，成为新型工业化国家，造就了三星、LG 和现代等世界知名跨国集团，在 1995 年成为世界第十一大经济体。韩国从世界上最贫穷落后的国家之一,一跃成为发达国家，韩国经济的迅猛发展被称为“汉江奇迹”。1965 年韩国人均国民生产总值 106 美元，只有菲律宾的一半，到 1979 年达到 1745 美元，为菲律宾的三倍。2006 年韩国人均国民生产总值达到 17600 美元，成为发达国家。首尔已经从一片废墟发展成为一个世界大都会。

表 4–1　韩国 GDP 增长表

年份	名义 GDP		实际 GDP 指数	
	总值（亿韩元）	环比增速 %	1953 年 100	环比增速 %
1953	477		100.00	
1954	663	38.8	107.25	7.2
1955	1142	72.3	113.43	5.8
1956	1515	32.6	114.26	0.7
1957	1984	31.0	124.75	9.2
1958	2076	4.6	132.81	6.5
1959	2208	6.3	140.02	5.4

续表

年份	名义 GDP		实际 GDP 指数	
	总值（亿韩元）	环比增速 %	1953 年 100	环比增速 %
1960	2498	13.2	143.30	2.3
1961	3017	20.7	153.16	6.9
1962	3658	21.3	159.04	3.8
1963	5185	41.7	173.68	9.2
1964	7396	42.6	190.09	9.5
1965	8313	12.4	203.74	7.2
1966	10659	28.2	228.16	12.0
1967	13133	23.2	248.96	9.1
1968	16923	28.9	281.79	13.2
1969	22119	30.7	322.77	14.5
1970	27948	26.4	355.04	10.0
1971	34333	22.8	392.15	10.5
1972	42598	24.1	420.20	7.2
1973	55135	29.4	482.50	14.8
1974	78799	42.9	528.15	9.5
1975	105051	33.3	569.68	7.9
1976	144132	37.2	644.39	13.1
1977	185203	28.5	723.51	12.3
1978	250231	35.1	801.47	10.8
1979	322189	28.8	870.80	8.6
1980	394713	22.5	855.79	−1.7
1981	493240	25.0	917.24	7.2
1982	568585	15.3	933.05	8.3
1983	675092	18.7	1124.55	13.2
1984	778556	15.3	1241.98	10.4
1985	872396	12.1	1338.23	7.7
1986	1018402	16.7	1488.43	11.2
1987	1202048	18.0	1674.00	12.5
1988	1440734	19.9	1873.29	11.9

续表

年份	名义 GDP		实际 GDP 指数	
	总值（亿韩元）	环比增速 %	1953 年 100	环比增速 %
1989	1635180	13.5	2004.97	7.0
1990	1977123	20.9	2201.69	9.8
1991	2388772	20.8	2429.65	10.4
1992	2732674	14.4	2579.69	6.2
1993	3100737	13.5	2756.31	6.8
1994	3660542	18.1	3010.06	9.2
1995	4289271	17.2	3298.15	9.6
1996	4811408	12.2	3548.62	7.6
1997	5303471	10.2	3758.78	5.9
1998	5244768	4.1	3553.13	−5.5
1999	5768728	10.0	3954.94	11.3
2000	6351846	10.1	4307.89	8.9
2001	6881649	8.3	4502.84	4.5
2002	7619389	10.7	4837.51	7.4
2003	8109153	6.4	4979.40	2.9
2004	8760331	8.0	5223.39	4.9
2005	9197973	5.0	5428.34	3.9
2006	9660546	5.0	5709.32	5.2
2007	10432578	8.0	6021.24	5.5
2008	11044922	5.9	6191.59	2.8
2009	11517078	4.3	6235.40	0.7
2010	12653080	9.9	6640.50	6.5
2011	13326810	5.3	6884.98	3.7
2012	13774567	3.4	7042.61	2.3
2013	14294454	3.8	7246.79	2.9
2014	14860793	4.0	7488.94	3.3
2015	15641239	5.3	9697.89	2.8
2016	16374208	4.7	7915.57	2.8

说明：基础数据来源于 360doc 个人图书馆网站。

从表中可以看出，在1954~2014年总计61年中，韩国GDP增速实践达到10%及以上的有16个年份，由高到低排序有：1973年14.8%，1969年14.5%，1983年13.2，1976年13.1%，1987年12.5%，1977年12.3%，1966年12.0%，1988年11.9%，1999年11.3%，1986年11.2%，1978年10.8%，1971年10.5%，1984年10.4%，1991年10.4%，1970年10.0%。以上说明，单个年份GDP增速最高可以达到14% ~ 15%。

4.2.1.2 中国年度GDP增速

表4-2 中国GDP增长表

年份	名义GDP		实际GDP指数	
	总值（亿元）	环比增速%	1978年=100	环比增速%
1978	3678.7		100	
1979	4100.5	11.5	107.6	7.6
1980	4587.6	11.9	116	7.8
1981	4935.8	7.6	122	5.2
1982	5373.4	8.9	132.9	8.9
1983	6020.9	12.1	147.3	10.8
1984	7278.5	20.9	169.6	15.1
1985	9098.9	25.0	192.4	13.4
1986	10376.2	14.0	209.6	8.9
1987	12174.6	17.3	234.1	11.7
1988	15180.4	24.7	260.4	11.2
1989	17179.7	13.2	271.3	4.2
1990	18872.9	9.9	281.9	3.9
1991	22005.6	16.6	308.1	9.3
1992	27194.5	23.6	351.9	14.2
1993	35673.2	31.2	400.7	13.9
1994	48637.5	36.3	453	13.1
1995	61339.9	26.1	502.6	10.9
1996	71813.6	17.1	552.5	9.9
1997	79715	11.0	603.5	9.2

续表

年份	名义 GDP		实际 GDP 指数	
	总值（亿元）	环比增速 %	1978 年 =100	环比增速 %
1998	85195.5	6.9	650.8	7.8
1999	90564.4	6.3	700.7	7.7
2000	100280.1	10.7	760.2	8.5
2001	110863.1	10.6	823.6	8.3
2002	121717.4	9.8	898.8	9.1
2003	137422	12.9	989	10.0
2004	161840.2	17.8	1089	10.1
2005	187318.9	15.7	1213.1	11.4
2006	219438.5	17.1	1367.4	12.7
2007	270092.3	23.1	1562	14.2
2008	319244.6	18.2	1712.8	9.7
2009	348517.7	9.2	1873.8	9.4
2010	412119.3	18.2	2073.1	10.6
2011	487940.2	18.4	2271.1	9.6
2012	538580	10.4	2449.6	7.9
2013	592963.2	10.1	2639.9	7.8
2014	641280.6	8.1	2832.6	7.3
2015	685992.9	7.0	3028.2	6.9
2016	740060.8	7.9	3232.2	6.7

说明：基础数据来源于国家统计局网站。

从表中可以看出，在 1979—2016 年中，中国 GDP 增速实践达到 10% 及以上的有 15 个年份，由高到低排序有 1984 年 15.1%，1992 年、2007 年 同 为 14.2%，1993 年 13.9%，1985 年 13.4%，1994 年 13.1%，2006 年 12.7%，1987 年 11.7%，2005 年 11.4%，1988 年 11.2%，1995 年 10.9%，1983 年 10.8%，2010 年 10.6%，2004 年 10.1%，2003 年 10.0%。以上说明，单个年份 GDP 增速最高可以达到 15%~16% 之间。

4.2.2 连续五年平均 GDP 增速

连续五年平均 GDP 环比指数，是对连续五个年份 GDP 环比指数的均等化处理，一般地表达为第（n–4）年～第 n 年 GDP 环比指数平均值（n 为公元纪年数），即

$$\overline{\text{GDP环比指数}_{n\text{-}4\to n}}$$
$$=\sqrt[5]{\text{GDP环比指数}_{n\text{-}4}\times\text{GDP环比指数}_{n\text{-}3}\times\cdots\times\text{GDP环比指数}_{n}}$$
$$=\sqrt[5]{\frac{\text{GDP}_n}{\text{GDP}_{n-5}}}$$

由于每年 GDP 数值是现成的，因此，我们采用上式更为便捷。

连续五年平均 GDP 增速指数，等于连续五年平均 GDP 环比指数减 1，一般地表达为第（n–4）年～第 n 年平均 GDP 增速指数—1，即

$$\overline{\text{GDP增速指数}_{n-4\to n}}$$
$$=(\overline{\text{GDP环比指数}_{n-4\to n}}-1)\times100\%$$
$$=(\sqrt[5]{\frac{\text{GDP}_n}{\text{GDP}_{n-5}}}-1)\times100\%$$

4.2.2.1 韩国连续五年平均 GDP 增速

根据上式，对韩国 GDP 指数进行计算，得出连续五年平均 GDP 增速数值，见表 4–3。

表 4–3 韩国连续五年平均 GDP 增速

年份	实际 GDP 指数	第五年指数	连续五年平均指数	连续五年平均增速（%）
1953	100.00			
1954	107.25			
1955	113.43			
1956	114.26			
1957	124.75			
1958	132.81	1.3281	1.0584	5.8
1959	140.02	1.3055	1.0548	5.5

续表

年份	实际 GDP 指数	第五年指数	连续五年平均指数	连续五年平均增速（%）
1960	143.30	1.2633	1.0479	4.8
1961	153.16	1.3405	1.0604	6.0
1962	159.04	1.2749	1.0498	5.0
1963	173.68	1.3077	1.0551	5.5
1964	190.09	1.3576	1.0631	6.3
1965	203.74	1.4218	1.0729	7.3
1966	228.16	1.4897	1.0830	8.3
1967	248.96	1.5654	1.0938	9.4
1968	281.79	1.6225	1.1016	10.2
1969	322.77	1.6980	1.1117	11.2
1970	355.04	1.7426	1.1175	11.7
1971	392.15	1.7188	1.1144	11.4
1972	420.20	1.6878	1.1104	11.0
1973	482.50	1.7123	1.1136	11.4
1974	528.15	1.6363	1.1035	10.4
1975	569.68	1.6046	1.0992	9.9
1976	644.39	1.6432	1.1044	10.4
1977	723.51	1.7218	1.1148	11.5
1978	801.47	1.6611	1.1068	10.7
1979	870.80	1.6488	1.1052	10.5
1980	855.79	1.5022	1.0848	8.5
1981	917.24	1.4234	1.0732	7.3
1982	933.05	1.2896	1.0522	5.2
1983	1124.55	1.4031	1.0701	7.0
1984	1241.98	1.4263	1.0736	7.4
1985	1338.23	1.5637	1.0935	9.4
1986	1488.43	1.6227	1.1017	10.2
1987	1674.00	1.7941	1.1240	12.4
1988	1873.29	1.6658	1.1075	10.7
1989	2004.97	1.6143	1.1005	10.1

续表

年份	实际 GDP 指数	第五年指数	连续五年平均指数	连续五年平均增速（%）
1990	2201.69	1.6452	1.1047	10.5
1991	2429.65	1.6324	1.1030	10.3
1992	2579.69	1.5410	1.0903	9.0
1993	2756.31	1.4714	1.0803	8.0
1994	3010.06	1.5013	1.0847	8.5
1995	3298.15	1.4980	1.0842	8.4
1996	3548.62	1.4605	1.0787	7.9
1997	3758.78	1.4571	1.0782	7.8
1998	3553.13	1.2891	1.0521	5.2
1999	3954.94	1.3139	1.0561	5.6
2000	4307.89	1.3062	1.0549	5.5
2001	4502.84	1.2689	1.0488	4.9
2002	4837.51	1.2870	1.0518	5.2
2003	4979.40	1.4014	1.0698	7.0
2004	5223.39	1.3207	1.0572	5.7
2005	5428.34	1.2601	1.0473	4.7
2006	5709.32	1.2679	1.0486	4.9
2007	6021.24	1.2447	1.0448	4.5
2008	6191.59	1.2434	1.0445	4.5
2009	6235.40	1.1937	1.0361	3.6
2010	6640.50	1.2233	1.0411	4.1
2011	6884.98	1.2059	1.0382	3.8
2012	7042.61	1.1696	1.0318	3.2
2013	7246.79	1.1704	1.0320	3.2
2014	7488.94	1.2010	1.0373	3.7
2015	9697.89	1.4604	1.0787	7.9
2016	7915.57	1.1497	1.0283	2.8

说明：基础数据来源于 360doc 个人图书馆网站。

从表中可以看出，韩国从 1961～2000 年 40 年时期，连续五年平均 GDP 增速共有 36 个数据。数据大于等于 10% 的共有 17 次，覆盖 26 年，占总年份的 65%。其中，12.4% 的 1 次，大于等于 11% 且小于 12% 的 6 次，大于等于 10% 且小于 11% 的 10 次。40 年平均增速 8.88%。

4.2.2.2 中国连续五年平均 GDP 增速

表 4–4　中国连续五年平均 GDP 增速

年份	GDP 指数 1978 年 =100	第五年指数	连续五年平均指数	连续五年平均增速 %
1978	100			
1979	107.6			
1980	116			
1981	122			
1982	132.9			
1983	147.3	1.473	1.081	8.1
1984	169.6	1.576	1.095	9.5
1985	192.4	1.659	1.106	10.6
1986	209.6	1.718	1.114	11.4
1987	234.1	1.761	1.120	12.0
1988	260.4	1.768	1.121	12.1
1989	271.3	1.600	1.099	9.9
1990	281.9	1.465	1.079	7.9
1991	308.1	1.470	1.080	8.0
1992	351.9	1.503	1.085	8.5
1993	400.7	1.539	1.090	9.0
1994	453	1.670	1.108	10.8
1995	502.6	1.783	1.123	12.3
1996	552.5	1.793	1.124	12.4
1997	603.5	1.715	1.114	11.4
1998	650.8	1.624	1.102	10.2
1999	700.7	1.547	1.091	9.1

续表

年份	GDP 指数 1978 年 =100	第五年指数	连续五年平均指数	连续五年平均增速 %
2000	760.2	1.513	1.086	8.6
2001	823.6	1.491	1.083	8.3
2002	898.8	1.489	1.083	8.3
2003	989	1.520	1.087	8.7
2004	1089	1.554	1.092	9.2
2005	1213.1	1.596	1.098	9.8
2006	1367.4	1.660	1.107	10.7
2007	1562	1.738	1.117	11.7
2008	1712.8	1.732	1.116	11.6
2009	1873.8	1.721	1.115	11.5
2010	2073.1	1.709	1.113	11.3
2011	2271.1	1.661	1.107	10.7
2012	2449.6	1.568	1.094	9.4
2013	2639.9	1.541	1.090	9.0
2014	2832.6	1.512	1.086	8.6
2015	3028.2	1.461	1.079	7.9
2016	3232.2	1.423	1.073	7.3

说明：基础数据来源于国家统计局网站。

从表中可以看出，中国 1979 ~ 2010 年 38 年时期，连续五年平均 GDP 增速共有 34 个数据，数据大于等于 10% 的共有 15 次，覆盖 27 年，占总年份的 79%。其中，大于等于 12% 的 4 次，大于等于 11% 且小于 12% 的 6 次，大于等于 10% 且小于 11% 的 5 次。38 年平均增速 9.6%。

4.2.3 连续十年平均 GDP 增速

参照连续五年平均 GDP 增速的计算方法，我们可以得出连续十年平均 GDP 增速的计算式。

$$\overline{\text{GDP增速指数}_{n-9\to n}}$$
$$=(\overline{\text{GDP环比指数}_{n-9\to n}}-1)\times 100\%$$
$$=(\sqrt[10]{\frac{\text{GDP}_n}{\text{GDP}_{n-10}}}-1)\times 100\%$$

4.2.3.1 韩国连续十年平均 GDP 增速

根据上式，对韩国 GDP 指数进行计算，得出连续十年平均 GDP 增速数值，见表 4–5。

表 4–5　韩国连续十年平均 GDP 增速表

年份	实际 GDP 指数	连续十年累计 GDP 指数	连续十年平均 GDP 指数	连续十年平均 GDP 增速（%）	实际 GDP 增速（%）
1953	100.00				
1954	107.25				7.3
1955	113.43				5.8
1956	114.26				0.7
1957	124.75				9.2
1958	132.81				6.5
1959	140.02				5.4
1960	143.30				2.3
1961	153.16				6.9
1962	159.04				3.8
1963	173.68	1.7368	1.0568	5.7	9.2
1964	190.09	1.7724	1.0589	5.9	9.4
1965	203.74	1.7962	1.0603	6.0	7.2
1966	228.16	1.9968	1.0716	7.2	12.0
1967	248.96	1.9957	1.0715	7.2	9.1
1968	281.79	2.1218	1.0781	7.8	13.2
1969	322.77	2.3052	1.0871	8.7	14.5
1970	355.04	2.4776	1.0950	9.5	10.0
1971	392.15	2.5604	1.0986	9.9	10.5
1972	420.20	2.6421	1.1020	10.2	7.2
1973	482.50	2.7781	1.1076	10.8	14.8

续表

年份	实际 GDP 指数	连续十年累计 GDP 指数	连续十年平均 GDP 指数	连续十年平均 GDP 增速（%）	实际 GDP 增速（%）
1974	528.15	2.7784	1.1076	10.8	9.5
1975	569.68	2.7961	1.1083	10.8	7.9
1976	644.39	2.8243	1.1094	10.9	13.1
1977	723.51	2.9061	1.1126	11.3	12.3
1978	801.47	2.8442	1.1102	11.0	10.8
1979	870.80	2.6979	1.1043	10.4	8.7
1980	855.79	2.4104	1.0920	9.2	−1.7
1981	917.24	2.3390	1.0887	8.9	7.2
1982	933.05	2.2205	1.0830	8.3	1.7
1983	1124.55	2.3307	1.0883	8.8	20.5
1984	1241.98	2.3516	1.0893	8.9	10.4
1985	1338.23	2.3491	1.0892	8.9	7.7
1986	1488.43	2.3098	1.0873	8.7	11.2
1987	1674.00	2.3137	1.0875	8.8	12.5
1988	1873.29	2.3373	1.0886	8.9	11.9
1989	2004.97	2.3024	1.0870	8.7	7.0
1990	2201.69	2.5727	1.0991	9.9	9.8
1991	2429.65	2.6489	1.1023	10.2	10.4
1992	2579.69	2.7648	1.1070	10.7	6.2
1993	2756.31	2.4510	1.0938	9.4	6.8
1994	3010.06	2.4236	1.0926	9.3	9.2
1995	3298.15	2.4646	1.0944	9.4	9.6
1996	3548.62	2.3841	1.0908	9.1	7.6
1997	3758.78	2.2454	1.0842	8.4	5.9
1998	3553.13	1.8967	1.0661	6.6	−5.5
1999	3954.94	1.9726	1.0703	7.0	11.3
2000	4307.89	1.9566	1.0694	6.9	8.9
2001	4502.84	1.8533	1.0636	6.4	4.5
2002	4837.51	1.8752	1.0649	6.5	7.4

续表

年份	实际 GDP 指数	连续十年累计 GDP 指数	连续十年平均 GDP 指数	连续十年平均 GDP 增速（%）	实际 GDP 增速（%）
2003	4979.40	1.8065	1.0609	6.1	2.9
2004	5223.39	1.7353	1.0567	5.7	4.9
2005	5428.34	1.6459	1.0511	5.1	3.9
2006	5709.32	1.6089	1.0487	4.9	5.2
2007	6021.24	1.6019	1.0482	4.8	5.5
2008	6191.59	1.7426	1.0571	5.7	2.8
2009	6235.40	1.5766	1.0466	4.7	0.7
2010	6640.50	1.5415	1.0442	4.4	6.5
2011	6884.98	1.5290	1.0434	4.3	3.7
2012	7042.61	1.4558	1.0383	3.8	2.3
2013	7246.79	1.4554	1.0382	3.8	2.9
2014	7488.94	1.4337	1.0367	3.7	3.3
2015	9697.89	1.7865	1.0597	6.0	29.5
2016	7915.57	1.3864	1.0332	3.3	－18.4

说明：基础数据来源于 360doc 个人图书馆网站。

从上表数据可以看出，韩国 1961～2000 年 40 年时期，连续十年平均 GDP 增速共有 31 个数据。数据大于等于 10% 的有 10 次，覆盖 28 年，占 40 个年份的 70%。

4.2.3.2 中国连续十年平均 GDP 增速

表 4–6　中国连续十年平均 GDP 增速表

年份	GDP 指数（1978 年 =100）	第十年指数	连续十年平均指数	连续十年平均增速 %
1978	100			
1979	107.6			
1980	116			
1981	122			
1982	132.9			
1983	147.3			

续表

年份	GDP 指数（1978 年 =100）	第十年指数	连续十年平均指数	连续十年平均增速 %
1984	169.6			
1985	192.4			
1986	209.6			
1987	234.1			
1988	260.4	2.604	1.100	10.0
1989	271.3	2.521	1.097	9.7
1990	281.9	2.430	1.093	9.3
1991	308.1	2.525	1.097	9.7
1992	351.9	2.648	1.102	10.2
1993	400.7	2.720	1.105	10.5
1994	453	2.671	1.103	10.3
1995	502.6	2.612	1.101	10.1
1996	552.5	2.636	1.102	10.2
1997	603.5	2.578	1.099	9.9
1998	650.8	2.499	1.096	9.6
1999	700.7	2.583	1.100	10.0
2000	760.2	2.697	1.104	10.4
2001	823.6	2.673	1.103	10.3
2002	898.8	2.554	1.098	9.8
2003	989	2.468	1.095	9.5
2004	1089	2.404	1.092	9.2
2005	1213.1	2.414	1.092	9.2
2006	1367.4	2.475	1.095	9.5
2007	1562	2.588	1.100	10.0
2008	1712.8	2.632	1.102	10.2
2009	1873.8	2.674	1.103	10.3
2010	2073.1	2.727	1.106	10.6
2011	2271.1	2.758	1.107	10.7

续表

年份	GDP 指数（1978 年 =100）	第十年指数	连续十年平均指数	连续十年平均增速 %
2012	2449.6	2.725	1.105	10.5
2013	2639.9	2.669	1.103	10.3
2014	2832.6	2.601	1.100	10.0
2015	3028.2	2.496	1.096	9.6
2016	3232.2	2.364	1.090	9.0

说明：基础数据来源于国家统计局网站。

从上表数据可以看出，中国 1979~2016 年 38 年间，连续十年平均 GDP 增速共有 29 个数据。数据大于等于 10% 的有 17 次，覆盖 36 年，占 38 个年份的 95%。

4.2.4 可以追求的 GDP 增速目标

表 4–7　GDP 增速分析汇总表

	连续五年平均 GDP 增速			连续十年平均 GDP 增速		
	大于 10% 年数	样本年数	占比	大于 10% 年数	样本年数	占比
韩国	26	40	65%	28	40	70%
中国	27	38	79%	36	38	95%

由于经济连续五年平均 GDP 增速是实践值，我们可以认为其较大值是一般国家可以达到的，也就是说，宏观经济管理者可以把较大的增速 10%、11% 作为争取的目标，尤其对发展中国家如此。

可以把 GDP 增速大于 10%，作为宏观管理的目标。换句话说，我们可以根据这一目标，对各国年度 GDP 增速评价，高于这一目标的为“优”；接近这一目标的为“良”；低于 8.5% 的为“一般”；等等。

GDP 增速达到 10% 及以上，并不意味或必然经济过热。其实，GDP 增速明显低于 10%，也可能存在若干行业经济过热。2012 年以来，中国经济减档到中高速，却存在房地产业过热。经济过热的症状是产品价格过快上涨，投资过快增加。经济过热的深层次问题是产能相比于需求过快增长。

4.3 潜在 GDP 增速

4.3.1 计算平均投资率

投资率，在中国国家统计局支出法国内生产总值核算中，叫资本形成率。

$$\text{连续五年平均投资率}_{n\text{-}4\to n}$$
$$=\frac{\text{GDP}_{n\text{-}4}\times\text{投资率}_{n\text{-}4}+\text{GDP}_{n\text{-}3}\times\text{投资率}_{n\text{-}3}+\cdots+\text{GDP}_{n}\times\text{投资率}_{n}}{\text{GDP}_{n\text{-}4}+\text{GDP}_{n\text{-}3}+\cdots+\text{GDP}_{n}}\times 100\%$$
$$=\frac{\sum_{n-4}^{n}\left(\text{GDP}_{n}\times\text{投资率}_{n}\right)}{\sum_{n\text{-}4}^{n}\text{GDP}_{n}}\times 100\%$$

表 4–8　中国连续五年平均投资率

年度	支出法生产总值（亿元）	资本形成总额（亿元）	连续五年资本形成总额（亿元）	连续五年支出法生产总值合计（亿元）	连续五年平均投资率（%）	资本形成率（%）
1978	3634.1	1412.7				38.9
1979	4078.2	1519.9				37.3
1980	4575.3	1623.1				35.5
1981	4957.3	1662.8				33.5
1982	5426.3	1759.6	7978.1	22671.2	35.2	32.4
1983	6078.7	1968.3	8533.7	25115.8	34.0	32.4
1984	7345.9	2560.2	9574.0	28383.5	33.7	34.9
1985	9180.5	3629.6	11580.5	32988.7	35.1	39.5
1986	10473.7	4001.9	13919.6	38505.1	36.2	38.2
1987	12294.2	4644.7	16804.7	45373.0	37.0	37.8
1988	15332.2	6060.3	20896.7	54626.5	38.3	39.5

续表

年度	支出法生产总值（亿元）	资本形成总额（亿元）	连续五年资本形成总额（亿元）	连续五年支出法生产总值合计（亿元）	连续五年平均投资率（%）	资本形成率（%）
1989	17359.6	6511.8	24848.3	64640.2	38.4	37.5
1990	19067.0	6555.3	27774.0	74526.7	37.3	34.4
1991	22124.2	7892.5	31664.6	86177.2	36.7	35.7
1992	27334.2	10833.5	37853.4	101217.2	37.4	39.6
1993	35900.1	15782.9	47576.0	121785.1	39.1	44.0
1994	48822.7	19916.3	60980.5	153248.2	39.8	40.8
1995	61539.0	24342.5	78767.7	195720.2	40.2	39.6
1996	72102.5	27556.6	98431.8	245698.5	40.1	38.2
1997	80024.8	28966.2	116564.5	298389.1	39.1	36.2
1998	85486.3	30396.6	131178.2	347975.3	37.7	35.6
1999	90823.8	31665.6	142927.5	389976.4	36.7	34.9
2000	100576.8	34526.1	153111.1	429014.2	35.7	34.3
2001	111250.2	40378.8	165933.3	468161.9	35.4	36.3
2002	122292.1	45129.8	182096.9	510429.2	35.7	36.9
2003	138314.7	55836.7	207537.0	563257.6	36.8	40.4
2004	162742.1	69420.5	245291.9	635175.9	38.6	42.7
2005	189190.4	77533.6	288299.4	723789.5	39.8	41.0
2006	221206.5	89823.3	337743.9	833745.8	40.5	40.6
2007	271699.3	112046.8	404660.9	983153.0	41.2	41.2
2008	319935.8	138242.8	487067.0	1164774.1	41.8	43.2
2009	349883.3	162117.9	579764.4	1351915.3	42.9	46.3
2010	410708.3	196653.1	698883.9	1573433.2	44.4	47.9
2011	486037.8	233327.2	842387.8	1838264.5	45.8	48.0
2012	540988.9	255240.0	985581.0	2107554.1	46.8	47.2
2013	596962.9	282072.9	1129411.1	2384581.2	47.4	47.3
2014	647181.7	302717.5	1270010.7	2681879.6	47.4	46.8
2015	699109.4	312835.7	1386193.3	2970280.7	46.7	44.7
2016	745632.4	329137.6	1482003.7	3229875.3	45.9	44.1

说明：表中第一、二、三、七列数据来自中国国家统计局网站。

从表中可以看出，单年投资率最高为 48.0%，在 2011 年；最低投资率为 32.4%，出现在 1982 年、1983 年。连续五年平均投资率最高的为 47.4%，出现在 2009 ~ 2014 年；连续五年平均投资率最低的为 33.7%，出现在 1980 ~ 1984 年。

4.3.2 推导 GDP 增速计算式

在国民经济核算中，按照支出法，最终使用产品即 GDP 等于最终消费、资本形成、净出口之和。需要说明的是，在支出法中，计量的是实物产品，不包括货币及其利息等。生产的实物资本也只能来源于 GDP，固定资产折旧不包括在 GDP 中，可以理解为：产品在补偿了原料、折旧后，余下的才进入 GDP。当前的生产规模，是若干年积累的。因此，可以用下面式子表达：

$$生产规模(t) = \int_0 GDP(t) \times 投资率(t) \times dt$$

$$生产规模_t - 生产规模 = \int_{t-1} GDP(t) \times 投资率(t) \times dt$$

上式中，投资率——是投资额占同期 GDP 的比例。以中国为例，每年定期核算、公布 GDP 与资本形成率年度数据的，资本形成率就是投资率，即投资率是现成的，因此

$$生产规模_n - 生产规模_{n-1} = \mathrm{GDP}_n \times 投资率_n$$

两边同乘以 $产出率_n$，则

$$(生产规模_n - 生产规模_{n-1}) \times 产出率_n = \mathrm{GDP}_n \times 投资率_n \times 产出率_n$$

$$生产规模_n \times 产出率_n - 生产规模_{n-1} \times 产出率_n = \mathrm{GDP}_n \times 投资率_n \times 产出率_n$$

上式中，

$产出率_n$——是 GDP 与生产规模的比值，即

$$产出率_n = \frac{\mathrm{GDP}_n}{生产规模_n}$$

$$\mathrm{GDP}_n = 生产规模_n \times 产出率_n$$

我们选取的样本为五年期，投资率、产出率为其平均值，即为恒值，那么，上式变为：

$GDP_n - GDP_{n-1} = GDP_n \times$ 投资率 $\times$ 产出率

两边同除以 GDP_{n-1}　则

$$\frac{GDP_n}{GDP_{n-1}} - 1 = \frac{GDP_n}{GDP_{n-1}} \times 投资率 \times 产出率$$

$$\frac{GDP_n}{GDP_{n-1}} = \frac{1}{1 - 投资率 \times 产出率}$$

由于 $\frac{GDP_n}{GDP_{n-1}} = GDP环比指数_n$，GDP 环比指数取五年平均值，所以

$$GDP环比指数 = \frac{1}{1 - 投资率 \times 产出率}$$

GDP增速指数：

$$= GDP环比指数 - 1$$

$$= \frac{1}{1 - 投资率 \times 产出率} - 1$$

$$= \frac{投资率 \times 产出率}{1 - 投资率 \times 产出率}$$

$$= \frac{1}{\frac{1}{投资率 \times 产出率} - 1}$$

$$1 - 投资率 \times 产出率 = \frac{1}{GDP环比指数}$$

$$投资率 \times 产出率 = \frac{GDP环比指数 - 1}{GDP环比指数} = \frac{GDP增速指数}{GDP环比指数}$$

$$产出率 = \frac{GDP增速指数}{投资率 \times GDP环比指数}$$

式中，GDP 增速指数＝ GDP 环比指数 –1，

$$生产规模_n = \frac{GDP_n}{产出率} \quad ④$$

4.3.3 计算产出率

以中国为例，利用上式，计算单年产出率。见表4-9。

表4-9　中国单年产出率

年份	GDP 指数	环比指数	增速指数	投资率	产出率	产出率（%）
1978	100			38.9		
1979	107.6	1.076	7.6	37.3	0.189	18.9
1980	116	1.078	7.8	35.5	0.204	20.4
1981	122	1.052	5.2	33.5	0.148	14.8
1982	132.9	1.089	8.9	32.4	0.252	25.2
1983	147.3	1.108	10.8	32.4	0.301	30.1
1984	169.6	1.151	15.1	34.9	0.376	37.6
1985	192.4	1.134	13.4	39.5	0.299	29.9
1986	209.6	1.089	8.9	38.2	0.214	21.4
1987	234.1	1.117	11.7	37.8	0.277	27.7
1988	260.4	1.112	11.2	39.5	0.255	25.5
1989	271.3	1.042	4.2	37.5	0.108	10.8
1990	281.9	1.039	3.9	34.4	0.109	10.9
1991	308.1	1.093	9.3	35.7	0.238	23.8
1992	351.9	1.142	14.2	39.6	0.314	31.4
1993	400.7	1.139	13.9	44	0.277	27.7
1994	453	1.131	13.1	40.8	0.284	28.4
1995	502.6	1.109	10.9	39.6	0.248	24.8
1996	552.5	1.099	9.9	38.2	0.236	23.6
1997	603.5	1.092	9.2	36.2	0.233	23.3
1998	650.8	1.078	7.8	35.6	0.203	20.3
1999	700.7	1.077	7.7	34.9	0.205	20.5
2000	760.2	1.085	8.5	34.3	0.228	22.8
2001	823.6	1.083	8.3	36.3	0.211	21.1
2002	898.8	1.091	9.1	36.9	0.226	22.6
2003	989	1.100	10	40.4	0.225	22.5
2004	1089	1.101	10.1	42.7	0.215	21.5

续表

年份	GDP 指数	环比指数	增速指数	投资率	产出率	产出率（%）
2005	1213.1	1.114	11.4	41	0.250	25.0
2006	1367.4	1.127	12.7	40.6	0.278	27.8
2007	1562	1.142	14.2	41.2	0.302	30.2
2008	1712.8	1.097	9.7	43.2	0.205	20.5
2009	1873.8	1.094	9.4	46.3	0.186	18.6
2010	2073.1	1.106	10.6	47.9	0.200	20.0
2011	2271.1	1.096	9.6	48	0.183	18.3
2012	2449.6	1.079	7.9	47.2	0.155	15.5
2013	2639.9	1.078	7.8	47.3	0.153	15.3
2014	2832.6	1.073	7.3	46.8	0.145	14.5
2015	3028.2	1.069	6.9	44.7	0.144	14.4
2016	3232.2	1.067	6.7	44.1	0.142	14.2

说明：基础数据来源于国家统计局网站。

从上表中可以看出，产出率最高的是 1984 年，其值为 37.6%；最低的是 2016 年，为 14.2%。

由于单年产出率容易受影响而不稳定，因此，我们需要计算五年平均产出率。

以中国为例，利用上式，计算连续五年平均产出率。见表 4–10。

表 4–10　中国连续五年平均产出率

年度	连续五年平均 GDP 环比指数	连续五年平均投资率（%）	连续五年平均 GDP 增速	连续五年平均投资率	产出率指数	产出率指数（%）
1978						
1979						
1980						
1981						
1982						
1983	1.081	34.0	0.081	0.340	0.220	22.0
1984	1.095	33.7	0.095	0.337	0.257	25.7

续表

年度	连续五年平均 GDP 环比指数	连续五年平均投资率（%）	连续五年平均 GDP 增速	连续五年平均投资率	产出率指数	产出率指数（%）
1985	1.106	35.1	0.106	0.351	0.273	27.3
1986	1.114	36.2	0.114	0.362	0.283	28.3
1987	1.120	37.0	0.120	0.370	0.290	29.0
1988	1.121	38.3	0.121	0.383	0.282	28.2
1989	1.099	38.4	0.099	0.384	0.235	23.5
1990	1.079	37.3	0.079	0.373	0.196	19.6
1991	1.080	36.7	0.080	0.367	0.202	20.2
1992	1.085	37.4	0.085	0.374	0.209	20.9
1993	1.090	39.1	0.090	0.391	0.211	21.1
1994	1.108	39.8	0.108	0.398	0.245	24.5
1995	1.123	40.2	0.123	0.402	0.272	27.2
1996	1.124	40.1	0.124	0.401	0.275	27.5
1997	1.114	39.1	0.114	0.391	0.262	26.2
1998	1.102	37.7	0.102	0.377	0.246	24.6
1999	1.091	36.7	0.091	0.367	0.227	22.7
2000	1.086	35.7	0.086	0.357	0.222	22.2
2001	1.083	35.4	0.083	0.354	0.216	21.6
2002	1.083	35.7	0.083	0.357	0.215	21.5
2003	1.087	36.8	0.087	0.368	0.217	21.7
2004	1.092	38.6	0.092	0.386	0.218	21.8
2005	1.098	39.8	0.098	0.398	0.224	22.4
2006	1.107	40.5	0.107	0.405	0.239	23.9
2007	1.117	41.2	0.117	0.412	0.254	25.4
2008	1.116	41.8	0.116	0.418	0.249	24.9
2009	1.115	42.9	0.115	0.429	0.240	24.0
2010	1.113	44.4	0.113	0.444	0.229	22.9
2011	1.107	45.8	0.107	0.458	0.211	21.1
2012	1.094	46.8	0.094	0.468	0.184	18.4
2013	1.090	47.4	0.090	0.474	0.174	17.4

续表

年度	连续五年平均 GDP 环比指数	连续五年平均投资率（%）	连续五年平均 GDP 增速	连续五年平均投资率	产出率指数	产出率指数（%）
2014	1.086	47.4	0.086	0.474	0.167	16.7
2015	1.079	46.7	0.079	0.467	0.157	15.7
2016	1.073	45.9	0.073	0.459	0.148	14.8

说明：基础数据来源于国家统计局网站。

中国在 1979～2016 年中，连续五年平均产出率最高为 29.0%，在 1983～1987 年；连续五年平均产出率最低为 14.8%，在 2012～2016 年。

4.3.4 计算潜在 GDP 增速

根据上表计算得到的连续五年平均投资率、连续五年平均产出率数值，分别选取最大值与最小值，分别计算平均均值，如下表。

表 4–11　投资率产出率取值表

	最高值 %	最低值 %	取均值 %	均值
投资率	47.4	33.7	40.55	0.4055
产出率	29	14.8	21.9	0.219

投资率均值为 40.55%；产出率均值为 21.9%。根据计算式③，GDP 环比指数＝ 1/（1－投资率 * 产出率）＝ 1/（1－0.4055*0.219）＝ 1.09746，GDP 增速＝ 9.7%。

如果保持 GDP 增速 9.7%，那么，几年能够翻一番呢？设需要 X 年，那么，$(1+0.097)^X = 2$，则 $X = 7.49$（年）。

4.3.5 计算极限 GDP 增速

如果没有消费，顺差为“0”，那么，投资率＝ 1，则 GDP 环比指数＝ 1/（1－1*0.219）＝ 1.280，$\text{GDP 增速}_{\text{极限}}$＝ 28.0%。那么，几年能够翻番呢？设为 X 年，那么，$1.28^x = 2$，则 $X = 2.81$（年）。

根据④式，可以求出历年生产规模，见下表，用于指导宏观经济参考。

4.3.6 推算生产规模数值

我们可以认为：较高产出率的年份，所有资产近似“物尽其用”，因此，可以根据计算式：

生产规模 =GDP/ 产出率

推算出生产规模数值。

根据表 4–9、4–10 的数据，综合考虑，选择 1983 ~ 1987 年的平均产出率 29.0%、1987 年 GDP12174.6 亿元，计算 1987 年生产规模。

其值 =12174.6/0.29=41981.4（亿元）

其它年份，以 1987 年生产规模数值为基准，进行累加计算。如 1988 年生产规模，等于 1987 年生产规模加上，1988 年 GDP 乘以概念投资率的积。以后年份，以此类推。1987 年以前年份，依次做减法运算。具体数值，见表 4–12。

表 4–12　中国生产规模推算

年份	GDP（亿元）	投资率（%）	生产规模（亿元）
1978	3678.7	38.9	18778.1
1979	4100.5	37.3	20307.6
1980	4587.6	35.5	21936.2
1981	4935.8	33.5	23589.7
1982	5373.4	32.4	25330.7
1983	6020.9	32.4	27281.4
1984	7278.5	34.9	29821.6
1985	9098.9	39.5	33415.7
1986	10376.2	38.2	37379.4
1987	12174.6	37.8	41981.4
1988	15180.4	39.5	47977.7
1989	17179.7	37.5	54420.0

续表

年份	GDP（亿元）	投资率（%）	生产规模（亿元）
1990	18872.9	34.4	60912.3
1991	22005.6	35.7	68768.3
1992	27194.5	39.6	79537.3
1993	35673.2	44.0	95233.6
1994	48637.5	40.8	115077.7
1995	61339.9	39.6	139368.3
1996	71813.6	38.2	166801.0
1997	79715.0	36.2	195657.9
1998	85195.5	35.6	225987.5
1999	90564.4	34.9	257594.5
2000	100280.1	34.3	291990.5
2001	110863.1	36.3	332233.8
2002	121717.4	36.9	377147.6
2003	137422.0	40.4	432666.0
2004	161840.2	42.7	501771.8
2005	187318.9	41.0	578572.6
2006	219438.5	40.6	667664.6
2007	270232.3	41.2	779000.3
2008	319515.5	43.2	917031.0
2009	349081.4	46.3	1078655.7
2010	413030.3	47.9	1276497.2
2011	489300.6	48.0	1511361.5
2012	540367.4	47.2	1766414.9
2013	595244.4	47.3	2047965.5
2014	643974.0	46.8	2349345.3
2015	689052.1	44.7	2657351.6
2016	743585.5	44.1	2985272.8

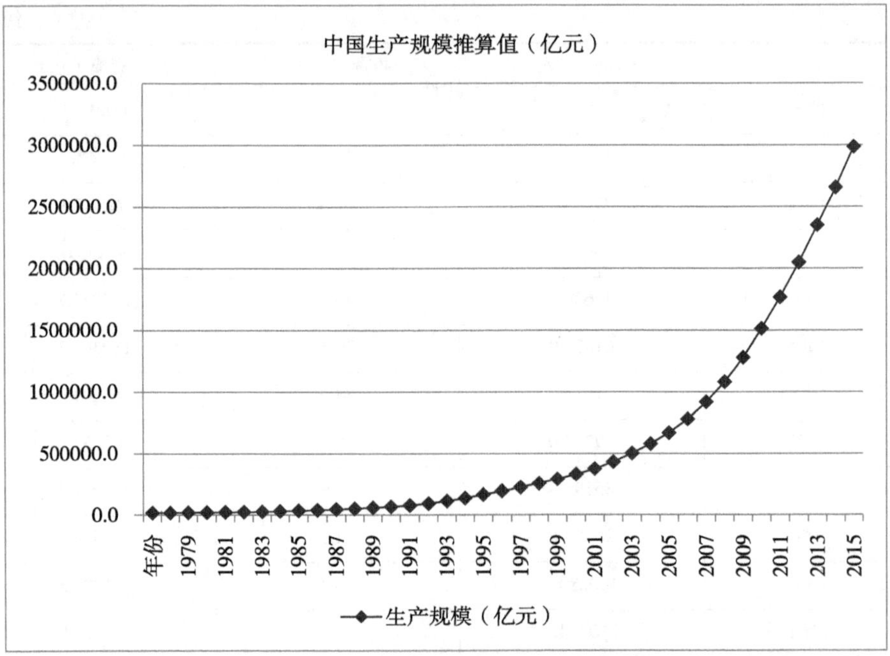

图 4-1 中国生产规模推算数值

当然，在实际计算中，可以通过比较，重新选择基年，继而展开推算。推算数值，可以与统计数值相互比照，查证问题有无。

4.4 饱和型经济

一个国家，其经济水平发展到发达富裕状态时，经济增速就会进入低速增长状态，即增速小于 4%。似乎冥冥中有一个增长瓶颈，或者说有一个天花板，阻挡高收入国家经济增长速度提高到高速发展状态，我们不妨称之为“发达国家陷阱”。

一个国家，其国内潜在消费需求趋于满足的状态，我们称之为饱和型经济。宏观的潜在需求，我们可以暂定为：全国超过 95% 的人口，得到了当前世界先进主流技术条件下的各自合乎情理的满足时的需求。比如，极限运动不属于老年人的潜在需求，先进的医疗技术救治属于老年人的潜在需求；每年外出旅游 1 ~ 2 次，拥有住房、轿车，使用手机上网休闲购物等，属于一般大众的潜在需求；太空旅行不是属于大众的潜在需求，只能由极少数人代表全人类实施这项活动。

消费是拉动经济增长的终极动力。消费需求饱和会导致国内投资需求饱和，两项叠加，导致国内需求增长缓慢。现实需求与潜在需求之间的差距，是推动经济快速发展的动力空间。非饱和型经济的这一空间，远大于饱和型经济国家，即越穷的国家，其差距越大。从刺激经济增长的角度看，这一空间是宝贵的，有了它，调节宏观经济容易取得良好效果。饱和型经济，即富裕国家，由于潜在需求趋于满足，因而其现实需求增长停滞。因此，饱和型经济，是现实需求趋近潜在需求，即趋于饱和。

饱和型经济，其全社会的方方面面都得到了充分发展，因此，应对自然灾害、经济冲击的能力是强大的。在推广应用新技术方面，其能力远远高于非饱和经济国家，这也是我们常常见到的许多后进国家较长期的处于追赶先进国家的情况，即似乎“总也赶不上”。

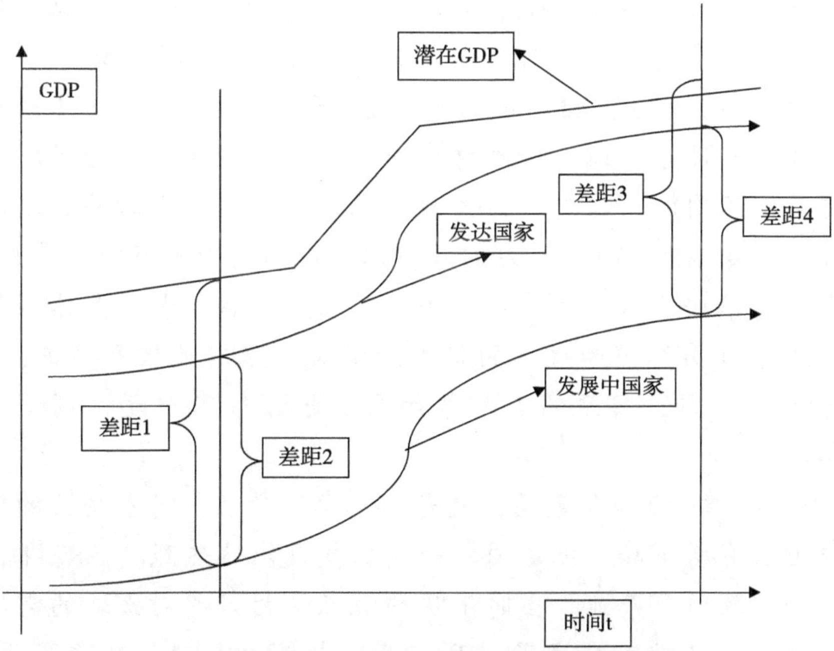

图 4-2　饱和经济对发达国家经济增长的影响

如图，潜在消费需求的增长，不是匀速的，有时快有时慢。如何促进消费需求增长呢？主要有以下几个方面：一是人口增长，人口增加必然导致需求涨。二是技术创新，新产品（服务）创造新需求。三是战争与自然灾害。战争与自然灾害会对社会财富造成巨大破坏，因此，灾害过后，潜在需求会补偿性放大。四是大力拓展海外市场，扩大境外需求。

案例 4–1　日本的“失去的十年”。

1985—1995 年日元升值，导致财富向美国转移，就是所谓的“失去的十年”。1985 年 9 月 22 日，世界五大经济强国（美国、日本、西德、英国和法国）在纽约广场饭店达成“广场协议”。当时美元汇率过高而造成大量贸易赤字，为此陷入困境的美国与其他四国发表共同声明，宣布介入汇率市场。美国要求日元升值，日元兑美元的汇率从协议前的 1 美元兑 240 日元上升到 1986 年 5 月的 1 美元兑 160 日元。美国里根政府坚持认为日元升值仍不到位，通过口头干预等形式继续推高日元。这样，到 1988 年年初，日元兑美元的汇率进一步上升到 1 美元兑 120 日元，正好比广场协议之前的汇率上升了一倍。但这还远远不够，从 1993 年 2 月至 1995 年 4 月，当时克林顿政府的财政部长贝茨明确表示，为了纠正日美贸易的不均衡，需要有 20% 左右的日元升值。当时的日元汇率大致在 1 美元兑 120 日元左右，所以，根据美国政府的诱导目标，日元行情很快上升到 1 美元兑 100 日元。以后，由于克林顿政府对以汽车贸易摩擦为核心的日美经济关系采取比较严厉的态度，到 1995 年 4 月，日元的汇率急升至 1 美元兑 79 日元，创下历史最高记录。

1985 年到 1986 年期间，随着日元急速升值，日本企业的国际竞争力虽有所下降，但是国内的投机气氛依然热烈。1987 年，投机活动波及所有产业，当时乐观的观点认为只要对土地的需求高涨，那么经济就不会衰退，而且市场也鼓励人们不断购买股票，声称股票从此不会贬值。当时日本媒体为了给这种经济繁荣状况命名，还希望募集像岩户景气、神武景气类似的名称。但当时也出现了少数反对论点，认为土地价格已经远远超过其实际需求，日本经济将在不久的将来陷入衰退。

由于汇率的剧烈变动，由美国国债组成的资产发生帐面亏损，因此大量资金为了躲避汇率风险而进入日本国内市场。当时日本政府为了补贴因为日元升值而受到打击的出口产业，开始实行金融缓和政策，于是产生了过剩的流通资金。

日本国内兴起了投机热潮，尤其在股票交易市场和土地交易市场更为明显。其中，受到所谓“土地不会贬值”的土地神话的影响，以转卖为目的的土地交易量增加，地价开始上升。当时东京 23 个区的地价总和甚至达到了可以购买美国全部国土的水平，而银行则以不断升值的土地作为担保，向债务人大量贷款。此外，地价上升也使得土地所有者的帐面财产增加，刺激了消费欲望，从而导致了国内消费需求增长，进一步刺激了经济发展。

1985 年到 1986 年期间，随着日元急速升值，日本企业的国际竞争力虽有所下降，但是国内的投机气氛依然热烈。1987 年，投机活动波及所有产业，当时乐观的观点认为只要对土地的需求高涨，那么经济就不会衰退，而且市场也鼓励人们不断购买股票，声称股票从此不会贬值。当时日本媒体为了给这种经济繁荣状况命名，还希望募集像岩户景气、神武景气类似的名称。但当时也出现了少数反对论点，认为土地价格已经远远超过其实际需求，日本经济将在不久的将来陷入衰退。

一旦投机者丧失了投机欲望，土地和股票价格将下降，因此反而导致帐面资本亏损，由于许多企业和投机者之前将上升的帐面资本考虑在内而进行了过大的投资，从而带来大量负债。随着中央政府金融缓和政策的结束，日本国内资产价格的维持可能性便不再存在。1990 年 3 月，日本大藏省发布《关于控制土地相关融资的规定》，对土地金融进行总量控制，这一人为的急刹车导致了本已走向自然衰退的泡沫经济加速下落，并导致支撑日本经济核心的长期信用体系陷入崩溃。此后，日本银行也采取金融紧缩的政策，进一步导致了泡沫的破裂。

日本在泡沫经济崩溃后自1991年开始到2000年代初期的长期经济不景气。

日元升值的后果是什么？洛克菲勒广场重新回到了美国人手中，通用汽车在这个广场的一卖一买中，净赚4亿美元！日资在艰难度日中大规模亏本退出美国。

案例分析：

我们先看看日本GDP增速变化情况，见表4-11与图4-1。

表4-11 日本GDP增速之日元计价与美元计价比较

年份	日元计价GDP			美元计价GDP		
	实际GDP指数	单年增速%	连续五年平均增速	万美元	单年增速%	连续五年平均增速
1952	100			172.49		
1953	106.22	6.22		194.66	12.85	
1954	112.43	5.85		216.33	11.13	
1955	122.37	8.84		232.59	7.52	
1956	131.54	7.49		261.84	12.58	
1957	141.82	7.82	7.24	301.75	15.24	11.83
1958	150.63	6.21	7.24	320.65	6.26	10.50
1959	164.81	9.41	7.95	366.43	14.28	11.12
1960	186.34	13.06	8.77	444.75	21.37	13.84
1961	208.42	11.85	9.64	535.43	20.39	15.38
1962	226.34	8.60	9.80	608.07	13.57	15.04
1963	246.23	8.79	10.33	694.71	14.25	16.72
1964	273.77	11.18	10.68	816.08	17.47	17.37
1965	289.31	5.68	9.20	909.13	11.40	15.37
1966	318.95	10.25	8.88	1053.40	15.87	14.49

续表

年份	日元计价 GDP			美元计价 GDP		
	实际 GDP 指数	单年增速 %	连续五年平均增速	万美元	单年增速 %	连续五年平均增速
1967	354.31	11.09	9.38	1235.14	17.25	15.23
1968	396.50	11.91	10.00	1469.24	18.95	16.16
1969	443.90	11.95	10.15	1736.39	18.18	16.30
1970	489.54	10.28	11.09	2047.88	17.94	17.63
1971	511.03	4.39	9.89	2322.47	13.41	17.13
1972	554.02	8.41	9.35	3048.52	31.26	19.80
1973	598.52	8.03	8.58	4152.91	36.23	23.10
1974	591.19	−1.22	5.90	4604.80	10.88	21.54
1975	609.47	3.09	4.48	4999.40	8.57	19.54
1976	633.69	3.97	4.40	5620.26	12.42	19.33
1977	661.51	4.39	3.61	6931.37	23.33	17.85
1978	696.39	5.27	3.08	9807.32	41.49	18.75
1979	734.58	5.48	4.44	10115.36	3.14	17.05
1980	755.28	2.82	4.38	10715.21	5.93	16.47
1981	779.22	3.17	4.22	11832.05	10.42	16.05
1982	803.05	3.06	3.95	11004.84	−6.99	9.69
1983	821.69	2.32	3.36	11999.93	9.04	4.12
1984	853.88	3.92	3.06	12759.52	6.33	4.75
1985	891.49	4.40	3.37	13645.40	6.94	4.95
1986	917.30	2.90	3.32	20229.25	48.25	11.32
1987	955.45	4.16	3.54	24493.10	21.08	17.35
1988	1014.64	6.19	4.31	29706.09	21.28	19.88
1989	1063.66	4.83	4.49	29703.93	−0.01	18.41
1990	1117.73	5.08	4.63	30536.62	2.80	17.48
1991	1160.18	3.80	4.81	34877.91	14.22	11.51

续表

年份	日元计价 GDP			美元计价 GDP		
	实际 GDP 指数	单年增速 %	连续五年平均增速	万美元	单年增速 %	连续五年平均增速
1992	1172.04	1.02	4.17	37922.61	8.73	9.14
1993	1175.69	0.31	2.99	43546.25	14.83	7.95
1994	1183.27	0.64	2.15	49083.74	12.72	10.57
1995	1215.72	2.74	1.69	54548.93	11.13	12.30
1996	1253.40	3.10	1.56	48336.73	−11.39	6.74
1997	1266.90	1.08	1.57	44127.13	−8.71	3.08
1998	1252.60	−1.13	1.28	40299.02	−8.68	−1.54
1999	1249.44	−0.25	1.09	45691.71	13.38	−1.42
2000	1284.17	2.78	1.10	48859.55	6.93	−2.18
2001	1289.38	0.41	0.57	43020.89	−11.95	−2.30
2002	1290.91	0.12	0.38	41206.37	−4.22	−1.36
2003	1310.64	1.53	0.91	44454.09	7.88	1.98
2004	1339.53	2.20	1.40	48170.63	8.36	1.06
2005	1361.80	1.66	1.18	47600.84	−1.18	−0.52
2006	1381.14	1.42	1.38	45299.60	−4.83	1.04
2007	1403.99	1.65	1.69	45150.15	−0.33	1.84
2008	1388.64	−1.09	1.16	50363.01	11.55	2.53
2009	1313.41	−5.42	−0.39	52292.52	3.83	1.66
2010	1368.48	4.19	0.10	57017.34	9.04	3.68
2011	1366.90	−0.12	−0.21	61607.11	8.05	6.34
2012	1387.33	1.49	−0.24	62036.59	0.70	6.56
2013	1415.08	2.00	0.38	51512.65	−16.96	0.45
2014	1419.83	0.34	1.57	48559.70	−5.73	−1.47
2015	1437.15	1.22	0.98	43814.51	−9.77	−5.13
2016	1451.42	0.99	1.21	49398.32	12.74	−4.32

说明：基础数据来自 360doc 个人图书馆网站。

根据上表数据，绘制出日本 GDP 走势图，如图 4–3。

图 4–3　日本 GDP 走势图

结合上表与上图可以看出，日本在 1974 年以前，连续 21 年日元 GDP 平均增速高达 8.9%，日元 GDP 增长到 6 倍。在 1974 ~ 1996 年连续 23 年，日元 GDP 平均增速在 3.3%，属于稳定的低速增长。在 1996 年以后连续 20 年，平均增速为 0.7%，可以说是贴近“0”增长，其中，日元 GDP 单年负增长 5 次。但从美元计价看，1953 ~ 1996 年连续 44 年，日本 GDP 平均增速是 13.66%，GDP 增长 316 倍。其中，1953 ~ 1973 年连续 21 年，平均增速更是高达 16.4%。

因此，我们可以得出以下结论：

一是广泛传播、普遍认同的 1985 ~ 1996 年是“日本失去的十年”情况不存在。因为，从平均 GDP 增速 3.3% 看，这一增速是高收入国家中的较高增速。高收入国家中普遍的 GDP 增速小于 4%，这是饱和型经济体增速的顶盖。以美元计价看，日本 GDP 从 1985 年 13645.4 万美元到 1996 年 54548.9 万美元，增长至 3.998 倍，平均每年增长 14.863%。日本从 1987 年进入高收入国家行列。

二是“日本失去的十年”是大众的错觉、错定，1985～1996年应当是日本经济“慌乱的十年”。在1985年以后十年中日元汇率长期升值，并累积成大幅升值，短期日元汇率剧烈波动，造成市场价格波动，经济投机热烈，经济秩序紊乱甚至混乱，各种经济怪现象多发并相互叠加，难以预期经济变化，造成人们心里恐慌。

三是1974～1984年连续11年，与“日本失去的十年”相比较，其GDP增速都是3.3%，如果“失去的十年”成立，那么，应该从1974年算起，都是“失去的年头”，而不能单单1985～1996年是“失去的十年”。

四是日元汇率长期上涨，从1985年协议前1美元兑240日元上升到1995年4月1美元比79日元，上涨3倍，推动日本经济进入饱和状态。从实物（产品）来看，同样数量的日本产品，在日元升值后换来了更多的进口产品，满足了日本居民的消费、投资需求，并达到了饱和状态。

4.5 实物GDP

在GDP核算中，包括产品和服务两类，产品就是实物。根据实物（产品）的特性——客观性，对宏观经济运行与增长具有决定性、基础性、根本性作用，对大国经济尤其如此，因此，必须对GDP中的实物（产品）予以特别关注、重视。在三大产业中，第二产业对宏观经济运行与增长影响最大，应特别重视。因为第一产业产值所占比例小，在中国近10年都小于10%，且波动幅度小；第三产业对第二产业起辅助作用。

在GDP核算实践中，在GDP数据后附列出第一产业增加值、第二产业增加值、第三产业增加值及增长率，也核算分行业增加值。在中国GDP核算实践中，分行业核算包括：农林牧渔业、工业、建筑业、批发和零售业、交通运输和仓储邮政业、住宿和餐饮业、金融业、房地产业、其他行业共 8 各行业，分别核算各行业的增加值及增长率。为了名称方便，我们把“某产业增加值”称为“某产业 GDP”，依此类推，“某行业增加值”称为“某行业 GDP”，…，细分为小行业也如此，如工业 GDP，建筑业 GDP 等。

1978～2016 年，GDP 增速与工业 GDP 增速高度吻合，两个增速最大差额为 5.95%，发生在 1992 年；38 年平均差额为 1.68%。GDP 增速与第三产业 GDP 增速最大差额是 15.98%，发生在 1985 年；38 年平均差额是 6.13%。由此可见，工业 GDP 对于 GDP 总值高度一致性，具有核心指标性意义。

由于交通运输业对产品的重要作用，与其产能形成的延期性，要对交通运输业予以重点关注。由于建筑业与房地产业两行业 GDP 所占比重很大，因此，也应当予以重点关注。

也可以把相关行业 GDP 或相近行业 GDP 组合计算，比如“工业 GDP+ 交通运输业 GDP”、比如“工业 GDP+ 建筑业 GDP+ 房地产业 GDP”等，根据具体目的设计，以供各方参考。

第 5 章　宏观效率

翻开经济史，我们可以看到：有些国家经过大发展，成为发达国家，如韩国。有些国家如菲律宾，在 1960 年前后，一度紧随日本成为亚洲最富国家之一，1982 年被世界银行列为中等收入国家。随后，却在国际经济竞赛中渐渐落了下来。更常见的情况是：大多数发展中国家，一直在贫困中挣扎，甚至看不到走向富裕的希望。主要的经济原因是什么呢？是宏观效率低下。

5.1 概念

5.1.1 效率

效率，是一个广泛使用的概念。一台发动机，通过燃烧汽油来提供机械动力，假定消耗汽油若干升，可做功 100 万焦耳，相应对外做功 80 万焦耳，那么，这台发动机的机械效率等于 80 万焦耳 /100 万焦耳，即 80%。这是机械工程上的效率概念。

在经济领域，效率概念也得到普遍使用，对其界定不下十几种，在这里举出其中两则：其一，效率是指最有效地使用社会资源以满足人类的愿望和需要。其二，效率是给定投入和技术的条件下，经济资源没有浪费，或对经济资源做了能带来最大可能性的满足程度的利用，也是配置效率（allocative efficiency）的一个简化表达。这两种解释，都是理想状态的情况。因此，只是具有目标意义、指导意义与概念作用，可操作性不高。

在社会上，效率有时被用来代替“速率”。比如：说“某人办事效率高”，主要是说该人办事快，也包含肯定办事质量的意思；说“大型联合收割机比小型的效率高多了”，其意思也是说大机器干活速度快，见效快。消耗大、产出大，即速率大，但与效率没有直接关系。逆向看，消耗小、产出大，即效率大，与速率也没有直接关系。本文中的效率，不包括速率的意义。

对于一个国家来说，其管理者希望经济处于这样一个状态：物尽其用，且用尽其速。这是理想状态。在经济实践中，严格地说从未实现过这种理想状态。因此，只能是接近这一状态。理想状态对应的产出，是潜在产出，即潜在 GDP。一国经济实际的产出，即实际 GDP，与潜在 GDP 的比值，我们称之为宏观经济效率，简称宏观效率。在性质上，它是一种利用率。通过管理，提高宏观效率，是宏观管理的中心问题。

宏观效率＝实际 GDP / 潜在 GDP

该比值越大，对应宏观效率越高；比值越小，宏观效率越低。它体现着宏观经济管理的效果。

为了凸显宏观管理的成效，我们可以用宏观效率相对值来表示。

宏观效率相对值＝实际 GDP 增速 / 潜在 GDP 增速

如果认定一国潜在 GDP 增速为 4%，而实际 GDP 增速为 2.4%，那么，

其宏观效率相对值＝ 2.4%/4% ＝ 0.6 ＝ 60%。

如果设定成绩满分为 100 分，那么，该宏观管理成绩为 60 分。

宏观效率，它隐藏在一般经济现象后面。看过下面的案例，就会有深刻体会。

案例 5–1　武汉长江大桥建成

武汉长江大桥位于湖北省武汉市武昌区蛇山和汉阳龟山之间，是万里长江上的第一座大桥，公铁两用，是苏联援华 156 项工程之一，1955 年 9 月动工，1957 年 10 月 15 日正式通车，全长约

1670米，将武汉三镇连为一体。在修建大桥前，长江南北两岸的人员、货物、车辆，全靠船渡，北岸的京汉铁路（1906年建成）与南岸的粤汉铁路（武昌至长沙段1918年建成），迟迟无法接轨，流通速度慢，效率低。大桥建成后，两岸铁路等待39年后接轨，并更名为京广铁路。从此，全国大江南北人员、货物、车辆的流通速度发生天翻地覆的变化。1956年6月毛泽东在《水调歌头·游泳》中豪情抒发“一桥飞架南北，天堑变通途”。

该项工程大大提高了中国当时的宏观效率。

很显然，一国经济宏观效率越高，对其经济发展越有利；一国经济宏观效率越低，对其经济发展越不利。从中国经济改革40年来看，中国政府一直都是在努力提高宏观经济效率。提高宏观效率的方法，常见的有：宏观调控、制度改革和经济发展规划。损害宏观效率的原因，常见的有经济危机。

常说的“经济增长点”，由于其具有潜在高宏观效率，微观经济体预期会取得巨大收益，因此，在短期内会聚集较多的投资。如中国经济特区、上海浦东等；还有矿区，如拉斯维加斯开采金矿等。经济增长点，有时指一个行业，由于技术有重大突破，前景好，被称为朝阳产业，如当前人工智能产业，前些年的IT产业等。

5.1.2 效益

劳动成果的价值超过了劳动占用和劳动消耗的代价，其差额为正效益，即产出多于投入。反之，则为负效益。用同样多的劳动消耗，如果获得的劳动成果多，效益就高；反之，效益就低。

效益反映的是绝对值，效率反映的是相对值。微观经济体的效益，如某企业在2018年实现净利润200万元，反映的是企业经营成果的绝对值。一国经济体的GDP，如中国2018年GDP实现90万亿元，是效益，属于绝对值。效益的高低，反映一个国家、地区、部门或者企业的经济管理水平。从宏观效率定义可知，效益越过，效率越高；效益越低，则效率越低。

5.1.3 区域经济的宏观效率

对于省、市、县等区域经济而言，其宏观效率是该区域内在一定时期内实际 GDP 与潜在 GDP 之间的比值。但是，该区域宏观效率与国家宏观经济效率相比，是次级的。一国内，各行政区划之间，由于没有海关，人员、物资可以自由跨区域移动，因此，地方政府的主要努力方向应当是通过兴建项目提高效率，为经济主体经营、居民生产生活提供便利条件。

5.1.4 微观经济体

与宏观经济相对，市场中每一个经济利益主体，称为微观经济体，包括企业、自然人。对于非营利社会组织与政府，主要是为宏观经济服务的，因此，不属于微观经济体。

微观经济体的行为，可以称为微观经济行为。自由主义经济的支持者认为，人们所追求的私利其实是一个社会最好的利益。其实，微观经济体的正利益可能是宏观的负利益，因此，微观经济体利益的总和并不总是等于宏观利益，可能会小于。

当微观经济体的行为，产生的影响力大到一定程度时，就会对宏观经济、宏观效率产生影响，这时，微观经济问题就转化为宏观经济问题。如“豆你玩”、“猪在飞”等。如美国拯救房地美、房丽美。

微观经济主体的投资趋向，揭示宏观效率的高低，即微观经济主体的行为对宏观经济政策具有导向作用。一般情况下，宏观管理者应该顺乎微观经济体的流动趋向，为其提供基础设施条件与制度保障。

微观经济主体行为的导向作用。一个国家、一个经济独立的地区如香港的经济，称为宏观经济主体，包括整个社会的经济，包含众多的经济利益个体。其管理者称为宏观经济管理者，对内有经济管理权，包括经济政策制定、落实等；对外经济往来方面设有海关。一个省、市、县区域的经济，是包括区域内整个社会的经济，属于宏观经济的范畴。其管理者对区域内经济没有独立的管理权，其管理是对上位经济管理的落实、延伸与细化。在与外部区域经济往来方面，它没有海关。因此，省、市、县区域的经济可以称为局域宏观经济。一个国家的经济，放在国际视野中时，即作为一个经济体。

5.2 宏观效率的基础因素

影响宏观效率的因素很多，可以分为两类：

第一类是宏观管理者推行若干举措提高了宏观效率，这类举措属于管理因素。在农业文明时期，政府管理经济的意义不明显，措施也少。中国古代，政府创历法，教民识农时，开挖大运河。在现代经济中，政府的宏观管理越发重要。如中国决策并建设武汉长江大桥；当代大力扶持网上购物；支持公共自行车项目等，这些举措都属于管理因素。反面的，经济危机，是管理失败的案例。

第二类是先于宏观管理之前就形成的或自然存在的，叫基础因素。这类因素很多，如：处于地球不同纬度；平原与山区；人口密度大小；一国经济体规模大小；等等。一般而言，沿海地区的宏观效率高于内陆地区；城市的宏观效率高于农村。

5.2.1 纬度决定的经济效率

在地球上，不同的纬度对经济效率的影响是不同的，主要表现在两个方面：白昼时间长度与气温高低。

5.2.1.1 白昼时间

一般人，一天工作时间按 8 个小时计算。如果中午回家，按两个半小时计。那么，从早上上班到达单位签到，到下午下班从单位签退，时间长度 10.5 个小时。如果中午不回家，在单位吃午饭并小憩一会，合计 1 个小时，那么，时间长度 9.5 个小时。上班往返路途合计用时按 1 个小时计，与日出前和日落后“晨光昏影”时间长度相当。那么，从出门上班至下班回到家，如果不披星戴月，日出至日落时间长度应在 9.5 个小时以上。

如果白昼时间过长，会影响人的休息，人习惯于黑天休息。以一般人休息 8 个小时计，加上“晨光昏影”1 个小时计算，日落至次日日出时间应该不小于 9 个小时。那么，日出至日落时间应当不长于 15 个小时。

表 5–1　若干城市日照时间长度对比

序号	城市	日出时间（上午）	日落时间（上午）	日出—日落之时间长度
1	漠河	8:01	3:35	7:34
2	满洲里	8:04	4:13	8:09
3	哈尔滨	7:12	3:52	8:40
4	乌鲁木齐	9:41	6:35	8:54
5	辽源	7:07	4:08	9:01
6	北京	7:33	4:53	9:20
7	淮南	7:10	5:10	10:00
8	上海	6:46	4:56	10:07
9	三亚	7:09	6:11	11:02
10	莫斯科	8:58	3:58	7:00
11	东京	6:47	5:18	9:44

说明：1. 采集日出日落时间的日期为 2018 年 12 月 22 日即冬至日。2. 数据来源于中国天气预报网。

综合以上分析，理想的日出至日落时间长度，约在 11 ~ 14 小时。从白天工作考虑：在我国，北京地区与同纬度及以南地区，冬季对各项工作没有负面影响。

5.2.1.2 气温

对于全球来讲，高纬度地区也是冬季寒冷地区，特别是我国东北地区，邻近地球冷极，气温显著低于同纬度地区，对户外工作产生严重负面影响。

哈尔滨，一月平均气温 -19℃，每年 10 月 20 日开始正式供暖，于次年 3 月中旬结束。还要根据气温届时再定，有时会推迟到 4 月结束。寒冷季节一般超过 5 个月时间。七月平均气温 23℃。

上海，一月平均气温 1℃。七月、八月日均最高气温 32℃，日均最低气温 25℃。

以上两地比较，由于哈尔滨冬季严寒，与白昼短暂两个原因，在三个方面产生严重影响：一是野外作业，如建筑、架线等，都要停工，停工时间长度约为 4 个月。而上海可以常年野外施工。就这一块来看，哈尔滨效率只有上海的三分之二。二是农业生产，哈尔滨只能一年一熟，而上海农业为一年两熟。就这一块来看，哈尔滨的效率只有上海的一半。三是生产生活成本。哈尔滨 2018 年供暖价格，住房为 40.35 元 /m^2。一个三口之家，住房 100m^2，每季供暖费月 4000 千元。夏季不存在制冷。同样的家庭住房情况，在上海夏季用空调制冷，两个月电费 2000 元；冬季取暖一个月电费 1000 元，合计 3000 元。上海比哈尔滨节省 1000 元。在生产方面，哈尔滨冬季非住房取暖费 44.49 元 / ㎡，也高过上海的电费，推高了生产成本。在出行方面，在上海可以用自行车、电动车。在哈尔滨冬季，外出需要搭车，其费用会是上海的几倍。另外，哈尔滨冬季要扫雪除冰、车配防滑链，人要多备御寒服装等。哈尔滨的生产生活费用显著大于上海。

以上三个方面，决定了哈尔滨的基础效率显著低于上海。

5.2.2 经济体量带来的经济效率

一国经济体规模越大，其宏观效率越高。如中国经济体远大于韩国，即市场容量、需求量远大于韩国。韩国企业一旦进入中国市场，就有了广阔的发展空间，其经营规模有希望远大于在韩国市场的经营规模，即中国市场为韩国企业提供了大发展的机会。因此，大国经济体容易对小国产生磁吸效应。对于小国经济体，除了借助于大国经济体发展自己，还可以与若干小国组建大经济体，如欧盟、东南亚国家联盟等。不管是借助大国，还是组建小国联盟，其实质，都是分工合作。

小国借助于大国发展经济，这种借助合作关系的变动，对双方的影响是不对等的，即对小国的伤害大（或收益大），因此，容易形成小国对大国的经济依附关系。小国加入经济联盟，由于分工，小国经济体会变得脆弱。联盟关系或其他盟国的波动，会给小国经济带来较大伤害。

5.2.3 股市的经济效率

股票市场是股票发行和交易的场所，包括发行市场和流通市场两部分。股票流通市场的存在和发展、股票流通的顺畅，为股票发行者创造了有利的筹资环境，为股票发行起了积极的推动作用。上市公司通过面向社会发行股票，迅速集中大量资金，实现生产的规模经营；有利于公司筹措长期资金。发行市场的功能反映一国资产形成的规模。

同时，投资股票者可以根据自己的投资计划和市场变动情况，随时买卖股票，谋求财富的增值。投资者可以将分散的盈余资金投资股票，可以放心地参加股票发行市场的认购活动；通过股票流通市场的活动，可以使长期投资短期化，在股票和现金之间随时转换。

可见，股市的功能就是把资金转为投资，那么，股市的效率 = 筹资 / 投资。

计算股市的效率

资金利用效率 = 年筹资额 /（年筹资额 + 市场存量资金额）

以 2011 年为例，全年筹资 6000 亿元，年终市场存量资金

14000亿元，那么，

股市效率=6000/（6000+14000）=30%

这种计算方式较为粗略，但是，不会对结论造成影响。

2011年存贷比超过70%的银行则有7家，其中深发展为73.49%、中信银行为72.97%、民生银行为72.85%、交通银行为71.94%、招商银行为71.8%、浦发银行为71.48%、兴业银行为71.46%。

存贷比最低的5家银行是农行、工行、华夏、建行和中行。其中华夏银行存贷比为66.72%。

上述数据中，民生银行、浦发银行和招商银行数值为人民币存贷比，兴业银行、中行和交行则未标明存贷比类型，其余银行均为本外币存贷比。

由于在计算存贷比时分子和分母具体包含的细项有差别，因此有些数据跟监管层所监测的数据并非一致。

12家银行在2011年的平均存贷比为69.04%，比2010年的68.74%上升了0.3个百分点。是股市效率的两倍多。

那么，是什么支撑了股市的低效率呢？是广大股民的投机心理。

那么，是谁在为低效率买单呢？是广大散户。

5.3 宏观效率的评价（计算）

一个国家宏观经济效率是比较高的，还是比较低的，我们要对其作出评价。一个时期的宏观效率要与其他不同时期的比较，可以叫做纵向比较；也要同一时期的宏观效率与其他国家的比较，可以叫做横向比较。此外，还有一种深度比较，实际效率与潜在效率比较，可以叫做应然比较。

5.3.1 宏观效率的计算

由于微观经济体的资产都是经过计量、计价的，因此，微观经济效率是可以计算出来的。微观经济体为了掌控自身经营状况，会定期进行会计核算。微观经济体核算的是收益，或者说是效益。在核算指标中，没有名为"经济效率"的指标。但一般情况下，微观效率与微观效益是正相关关系，可以用效益指标值来表达微观效率指标；也可以效益指标值为基础加以运算求得效率值。微观效益指标主要有：毛利、毛利率、利润、利润率、投资回报率等。

全社会经济的效率包括：宏观效率与微观效率。宏观效率的提高与微观效率的提高，有利于社会效率的提高。在一般情况下，宏观效率与微观效率是正相关关系，宏观效率的提高，能促进微观效率的提高。但是，某个或某若干个微观经济主体效率的提高，会损害宏观效率，如垄断经营等。微观效率的降低，必然导致宏观效率的降低。大面积的微观经济主体降低效率，会造成宏观效率的明显降低。因此，宏观经济管理者要预防大面积微观效率下降。

然而，宏观经济效率的评价就复杂得多。这主要有两个原因：其一，难以准确统计全社会的投入与产出，特别是有许多小的、零散的、偶然的生产无法统计。其二，一些生产因素、资源没有得到有效利用，即潜在效率难以计算。以中国改革开放为例，改革后，产出连年快速增长，宏观效率处于较高水平，许多经济因素得到充分利用。但是，在改革前计算宏观效率，就难以把这些因素包括进来。一个国家，特别是发展中国家，可以用 GDP 增速来表示其宏观效率，也可以用社会平均利润率来说明。

宏观经济运行的理想状态是：物尽其用，用尽其速。该状态对应的是理想宏观效率。因此，可以用产能利用率近似表达宏观效率，宏观效率＝Σ产能利用率。

宏观效率 = 全社会产出实物总值 / 产出率 / 全社会实物资产总值

或者 宏观效率 =GDP/ 产出率 / 全社会实物资产总值

或者 宏观效率 =GDP/（GDP + 闲置资产预期产值 + 地下经济产值）*100%

宏观效率＝实际 GDP 增速 / 潜在 GDP 增速

其中，资产不包括资金、土地、劳动力、没有进入消费的消费品。

区域经济的宏观效率，为本区域范围内所有产出与累计投资的比值，即本区域 GDP/ 投资规模。

5.3.2 行业效率

经济运行现实中，总会有一些微观经济体不能实现正常生产。2013 年，中国钢铁生产行业的产能闲置率约为 30%。

宏观效率 = 理想宏观效率 – 产能闲置率

宏观效率是经济体全部实际产出占最大理论产出的比率。在具体测算中，产能作为分母；也可以累计闲置产能。

5.3.3 单项工程效率的计算

由于重大单项工程如粤港澳跨海大桥、京沪高速铁路、长江三峡水利枢纽工程等，由于投资巨大，建成后会显著提升宏观经济效率，因此，其效率需要事前预测与事后验算，以判断其决策的得失成败。

案例 5–2　泗许高速公路灵璧北—泗县北段通车效率

泗许高速公路灵璧北—泗县北段，该路段长 30 公里，投资 12 亿。2010 年 12 月 28 日正式通车，由安徽省交通投资集团筹建经营。安徽省交通投资集团有限责任公司是省政府授权经营的大型国有独资公司，2001 年 5 月 28 日正式挂牌成立，现由安徽省人民政府国有资产监督管理委员会直接监管，为安徽省交通基础设施建设的两大国有投资主体之一。主要经营范围包括公路建设和路产营运、道路客运、物流、公路水路设计等主要业务。

名称	泗许高速公路 灵璧北—泗县北段	通车开始时间	2010 年 12 月 28 日
基本情况	双向 4 车道	30 公里长	投资 12 亿元
年度	2013 年度	全年通车量	38 万辆
昼夜平均通车量	1100 辆	利用率	2.75%

根据使用任务、功能和适应的交通量，公路分为高速公路、一级公路、二级公路、三级公路、四级公路五个等级。高速公路为专供汽车分向、分车道行驶并全部控制出入的干线公路。四车道高速公路一般能适应按各种汽车折合成小客车年平均昼夜交通量为 25000～55000 辆；六车道高速公路小客车年平均昼夜交通量为 45000～80000 辆；八车道高速公路一般能适应按各种汽车折合成人客车年平均昼夜交通量 60000～100000 辆。其它公路为除高速公路以外的干线公路、集散公路、地方公路，分四个等级。国内高速公路大部分实际流量都在设计流量范围内或者轻微超过设计流量。

车子驶入泗许高速公路灵璧北—四线北段后，驾驶员前后见不到车，会顿时产生“这条高速路为我专用”的感觉。见不到大货车，很少见到普通货车，几乎全是小型客车。通车三年来，交通量有所增加，但增幅甚微。2013 年，全年双向通车约 38 万辆，估计折合 40 万辆小客车，年平均昼夜交通量 1100 辆。取四车道高速公路一般交通量的中值 40000 辆计算，该高速路段实际通车量占设计通车量的比值 =1100/40000 × 100%=2.75%。该段高速公路运能损失 97.25%，即效率损失。

当然，我们也可以按照：效率=利润 / 投资的方法，计算单项工程的效率。每车收费 15 元，全年收入＝ 15 元 / 辆 *40 万辆＝ 600 万元。估计人员工资、机构运转、工程维护等项费用，合计 300 万元，利润＝ 600 万元－300 万元＝ 300 万元，利润率＝ 300 万元 /12 亿元＝ 0.25%。如果不计费用，利润率＝ 600 万元 /12 亿元＝ 0.5%。与银行利率相比，相差超 10 倍，几近绝收。

5.4 经济危机

在现实中，经常会发生一些政治、军事事件，自然灾害等事件，损害宏观经济效率，导致宏观经济负增长。从前期经济发展看，最典型的是经济危机。经济危机可以界定为：一国经济呈现年度负增长的情况，即年度产出同比减少。从地域范围看，经济危机可以发生在一国或者多国。经济危机，是经济秩序混乱打压宏观效率的主要原因。美国 1783 年取得对英国殖民者的独立战争胜利，其后于 1825 年、1837 年、1847 年、1857 年、1866 年、1873 年、1882 年、1890 年、1900 年、1907 年、1920—1921 年、1929—1933 年、1937—1938 年、1948—1949 年、1957—1958 年、1969—1970 年、1974—1975 年、1980—1982 年、1990—1991 年、2007—2012 年多次发生过经济危机。

5.4.1 经济危机破坏宏观效率的机理

一个奇怪的问题：经济危机到来时，GDP 负增长，宏观经济效率被大大降低。在危机发生的前、后为什么会出现这么大的反差呢？危机前的财富（即实物财富，包括生产设备、各种商品等）在危机发生后突然减少了吗？如果没减少，那么，为什么产出会突然贬值呢？

案例 5-3　1929 年资本主义世界经济大危机

1929—1933 年危机，首先在美国发生，并传播到世界。美国以往蒸蒸日上的美国社会逐步被存货山积、工人失业、商店关门的凄凉景象所代替。86000 家企业破产，5500 家银行倒闭，全国金融界陷入窒息状态，千百万美国人多年的辛苦积蓄付诸东流，GNP 由危机爆发时的 1044 亿美元急降至 1933 年的 742 亿美元，失业人数由不足 150 万猛升到 1700 万以上，占整个劳动大军的四分之一还多，整体经济水平倒退至 1913 年。农产品价值降到最低点，资本家将牛奶倒入大海，把粮食、棉花当众焚毁的现象屡见不鲜。

1929—1933 年危机的极度深刻性和其空前持久性结合在一起，使这一次危机具有极大的破坏力，它使资本主义工商业大幅倒退，使整整几十年生产力的发展成就付之东流。“一战”前的各次危机通常使生产水平倒退一二年，倒退四年或四年以上的情况极少。而 1929—1933 年的危机却使整个资本主义世界的工业生产水平大约后退到 1908—1909 年。其中，美国退到 1905—1906 年，德国退到 1896 年，英国退到 1897 年。

工业生产下降的幅度是之前历次危机所从未有过的，国际实际贸易额历史上第一次出现下降。不仅生产下降的幅度惊人，而且，其延续时间也异常持久。在以前的危机中，生产下降的延续时间不过几个月，而这次却是几十个月。以美国为例，因此，1929—1933 年危机成为资本主义历史上时间最长的世界经济危机。

10 月 20 日纽约证券交易所破产，特别是 23 日、28 日和 29 日连续发生大破产，有价证券的行市狂跌不已。在惊恐不定的几天内，第一流有价证券的行市下跌 40% ~ 60%。不少证券持有人迅即破产。

证券交易所破产的浪涛波及到一切资本主义国家，英国、德国、法国等国的交易所也相继破产。1929 年秋季证券交易所的破产是其生产过剩危机加深的信号。此后，资本主义国家的生产都持续下降，商业继续萎缩，失业不断增加。直到 1933 年，资本主义世界才开始从危机转为萧条。

到1933年，美国银行共倒闭11730家，企业倒闭252000家。1933年3月4日美国总统罗斯福在其就职之日，不得不宣布银行“休假”，随即关闭纽约金融中心，并放弃了金本位制。

1929—1933年空前深刻和空前剧烈的资本主义世界经济危机，宣告了主张“放任主义”的资本主义经济理论的失灵。危机表明，资本主义单靠本身内在的力量已经不容易从危机中爬出来了。于是，鼓吹通过加强“国家干预”来刺激经济和保持“充分就业”的凯恩斯主义便应运而生。凯恩斯主义企图利用加强“国家干预”经济的人为措施来克服危机，消除失业和防止革命。

美国工业生产在1929年6月达到最高峰，此后到1933年前几个月，国家经济持续衰退。工业产出下降了37%，实际GNP下降了30%，价格下降了33%，名义GNP降幅超过一半。由危机时的最低点恢复到危机前水平所需的时间，煤、生铁、钢等都长达四十多个月。

损害宏观效率的原因，是资产没有得到充分利用。在经济危机爆发后，实物循环被打乱，产品流被阻碍，经济秩序混乱，工厂开工不足，资产闲置。人们各自应对危机而造成的混乱，对经济的破坏力往往更严重。像有的爆炸案，爆炸造成的死亡，没有人群由于恐慌而相互踩踏导致的死亡多。在非经济危机时期，也存在资产闲置情况，只是没有达到危机时期严重程度。

5.4.2 阻止危机蔓延的措施

当危机初现时，如何阻止危机的蔓延呢？

案例5–4　四万亿投入的宏观效率分析

2008年末，美国的次贷危机波及到中国。11月，中国进出口总值同比下降9%；12月，同比下降11.1%。中国政府推出扩大内需十项措施，合计投入4万亿元，拉动经济增长。主要包括：加快建设保障性安居工程；加快农村基础设施建设；加快铁路、公路、机场等重大基础设施建设；等等。

加大投资公路、铁路、机场、保障房等，需要使用大量钢材、水泥等，缓解了相关行业的产品库存压力和产能闲置压力。换个角度看，是把钢铁行业、水泥行业的产能，变为高速公路的运能闲置，大大降低了对实体经济的负面影响。2008～2010 年，实现 GDP 增速 10%，保持了经济较高的增长速度。

在宏观经济下滑时，增加财政投入，扩大基础设施建设，提高微观效率；基础设施建成后闲置，宏观效率降低。

5.5 城市效率

当今世界，城市化代表一个国家的现代化水平。在当代，城市的作用主要有两个方面：有利于生产经营；有利于就业生活。城市高效率保障生产经营的高效率、高效益。城市效率，属于宏观效率的范畴。城市的辐射带动作用，实质是高效率的外溢与释放。

5.5.1 城市成因

城市的形成，是多种原因相互作用的结果，一般有三个主要原因：政治原因、军事原因、经济原因。政治原因，比如国都，主要有便于掌控全国，民族分布、人口密度、政治力量分布、物产等因素。选为国都后，该城市会得到快速发展。军事原因，主要包括地势地形易守难攻，便于传令调兵，或军事要塞等因素。军事城堡，也会发展成为一座城市。政治原因、军事原因，对于城市的诞生会起到立竿见影的作用。

经济原因，就是该区域的宏观效率高。宏观效率高，为微观效益升高提供有利的环境。换句话说，微观经济体在此经营，能够获得高回报。经济原因包括运输便捷与矿产资源。以安徽的省辖市看，资源城市有铜陵市、马鞍山市、淮南市、淮北市等四个城市，占全省同类城市的27%。

以中国城市形成的原因看，最普遍的主要因素是交通，交通的便捷即交通的高效率，带来经营的高效率，即微观高效率。最典型的是石家庄市。石家庄原本是正定县下的一个村庄，1900年修建铁路在此设站，此后迅速成长，1929年设市，1950年管辖正定县。这一类城市还有长春市、哈尔滨市等。第二类是水运城市，长沙、武汉、南昌、福州、杭州、西安、郑州等。他们都是“依水而建”，主要因为在铁路以前，水运是主要的交通方式。在现代，水运价格低廉，是货物的主要运输方式之一。第三类城市是具有优越的海港资源，青岛、大连、上海、香港等。海运是国际贸易的主要运输方式，其运输量占80%。

5.5.2 城市的宏观效率

为什么人们争相到寸土寸金的上海花高价买地投资，而不到淮北大平原低价置地而建厂呢？这是一个城市发展及规模的问题。

农村与城市比，农村的效率较低，城市的效率较高，城市是宏观效率的高地。中心城市的辐射带动作用，是城市高效率的外溢与释放。城市高效率是城市居民收入高于农村的经济机理。

宏观效率理论应用于：城市效率、区域经济分属不同的行政区域，但由于地域相近、人缘相亲、文化相通、经济相融，存在着广泛的共同利益。各城市通过紧密合作，整合区域优势，互利共赢，加快经济互动发展，特别是政府间合作的内容呈现不断增加的趋势。长三角区域一体化步伐明显提速，政府间的合作更加密切。

城市的宏观效率的影响因素：

第一，人口密度决定宏观效率，人口密度越大，宏观效率越高。从世界范围来看，经济繁荣的地区，都具有人口高密度。

第二，投资密度或财富密度决定宏观效率，尤其是流量财富，其密度越大，宏观效率越高。这也可以从世界经济繁荣地区得到证实。

这两个特性是由于专业化、商品化决定的。社会分工，决定商品经济，商品不再是为着需求而生产，而是为着交换、聚集财富。商品经济必然带来竞争，而竞争依靠高效率能够赢得优势。

5.5.3 城市发展战略

没有城市的现代经济是不可想象的，城市是现代经济的一部分，也是现代经济的支撑，二者相互促进。因此，发展城市是促进经济发展的重要内容。

对全国的城市：哪些应该鼓励发展，哪些地方要新建城市，哪些要抑制发展，国家的发展出台了不同的政策。我们认为：单单从促进经济发展、提高宏观效率的角度看，各城市的扩大、发展，应顺其自然。有发展说明有潜力，不需加以限制，任其释放城市高效率，促进全国经济宏观效率的提高。

城市群建设。为了充分发挥城市的高效率，促进经济发展，政府应当积极规划、引导，城市群或城市带建设，跟进基础设施建设，出台政策，协调服务，推动城市群发展。世界著名的经济湾区有美国的纽约湾区、旧金山湾区、日本的东京湾区，还有中国正在建设的粤港澳湾区，换个角度看，都是城市群。中国在建的长江经济带，其实，也是长江城市带。城市，是这些湾区经济的支撑；水域，是天然的资源平台。

加强城市合作，有利于进一步发挥城市高效率的作用。区域内各政府间合作共识已经确立，但缺乏统一的合作战略规划。各地城市为了促进发展，纷纷加强合作。近年来，许多城市不仅达成共识，有的已经采取行动，甚至个别的城市组合探索同城化措施，取得了一定成效。上海邻近区域纷纷将融入大上海、共享长三角区域经济合作收益作为自身的发展战略。

5.6 区域经济发展规划

经济的地理分布，有的是宏观规划形成的，但更多的是微观经济体“自发”形成的。各地政府，特别是中国的行政机关，其主动性很强，常常主动作为，对城市、交通、经济产业地域做出规划。所有规划，都要紧紧围绕“提高宏观效率”这一核心。所有规划的成败，都要由市场检验，由市场做结论。规划的成效，要拿宏观效率来检验，高下立见分晓。

5.6.1 国家级区域经济发展规划

国家会对国内的一定区域或某大型工程，作出规划，如长江经济带规划、粤港澳大湾区规划。自贸区规划，要复杂一些，因为涉及到国际贸易，不是单纯地为了提高宏观效益。

案例 5–5 长江经济带

长江经济带是指沿江附近的经济圈。长江经济带覆盖上海、江苏、浙江、安徽、江西、湖北、湖南、重庆、四川、云南、贵州等 11 省市，面积约 205 万平方公里，人口和生产总值均超过全国的 40%。该经济带国土面积约 40 万平方公里，1995 年人口 2 亿多，GDP 总计 1.4 万亿元，分别占沿江九省市的 27%、44%、62% 和全国的 4%、18%、25%，其人口密度、经济密度和人均 GDP 分别为沿江九省市的 1.6 倍、2.3 倍、1.4 倍以及全国平均水平的 4.5 倍、6.2 倍和 1.4 倍，

长江经济带横跨我国东中西三大区域，具有独特优势和巨大发展潜力。改革开放以来，长江经济带已发展成为我国综合实力最强、战略支撑作用最大的区域之一。

2016 年 9 月，《长江经济带发展规划纲要》正式印发，确立了长江经济带“一轴、两翼、三极、多点”的发展新格局：“一轴”是以长江黄金水道为依托，发挥上海、武汉、重庆的核心作用，

“两翼”分别指沪瑞和沪蓉南北两大运输通道，“三极”指的是长江三角洲、长江中游和成渝三个城市群，“多点”是指发挥三大城市群以外地级城市的支撑作用。

长江是我国第一大河，世界第三长河，干流流经青、藏、川、滇、渝、鄂、湘、赣、皖、苏、沪九省二市，干流全长 6300 千米，流域面积 180 万平方公里，约占全国总面积的 1/5。它自西向东横贯我国中部，战略地位十分重要。长江流域气候温暖、雨量充沛、支流湖泊众多。

长江经济带示意图

经过几千年的开发建设，长江流域已成为我国农业、工业、商业、文化教育和科学技术等方面最发达的地区之一。长江经济带东起上海，西至云南，涉及沿江九省市（青、藏除外，下文同）的 43 个地市。该经济带是长江流域最发达的地区，也是全国高密度的经济走廊之一。在沿江九省市和全国的经济地位及作用日益突出。

2014 年 9 月，国务院印发《关于依托黄金水道推动长江经济带发展的指导意见》（以下简称《意见》），部署将长江经济带建设成为具有全球影响力的内河经济带、东中西互动合作的协调发展带、沿海沿江沿边全面推进的对内对外开放带和生态文明建设的先行示范带。

长江是货运量位居全球内河第一的黄金水道，在区域发展总体格局中具有重要战略地位。依托黄金水道推动长江经济带发展，打造中国经济新支撑带，有利于挖掘中上游广阔腹地蕴含的巨大内需潜力，促进经济增长空间从沿海向沿江内陆拓展；有利于优化沿江产业结构和城镇化布局，推动中国经济提质增效升级；有利于形成上中下游优势互补、协作互动格局，缩小东中西部地区发展差距；有利于建设陆海双向对外开放新走廊，培育国际经济合作竞争新优势；有利于保护长江生态环境，引领全国生态文明建设。

明确要依托长江黄金水道，高起点高水平建设综合交通运输体系，推动上中下游地区协调发展、沿海沿江沿边全面开放，构建横贯东西、辐射南北、通江达海、经济高效、生态良好的长江经济带。随《意见》还一并印发了《长江经济带综合立体交通走廊规划（2014—2020 年）》，提出到 2020 年，建成横贯东西、沟通南北、通江达海、便捷高效的长江经济带综合立体交通走廊。

说到底，长江经济带规划最主要的目标，就是促成众多微观经济体都来充分利用长江这一“黄金水道”所蕴含的低成本高效率，让高效率充分释放出来，转化为生产力，促进经济发展。

5.6.2 省级区域经济发展规划

在中国，各省也经常会作出经济发展规划。

案例 5-6　皖江城市带

《皖江城市带承接产业转移示范区规划》（以下简称规划，由于该文较长，以下内容是摘选部分）。该规划从区内各市产业现状、资源状况和未来发展趋势考虑，提出了构建“一轴双核两翼”（即指合肥、芜湖）的产业空间格局的构想：认为这是安徽省目前乃至今后一个时期经济发展最具活力和潜力的两大增长极。“一轴”包括安庆、池州、铜陵、巢湖、芜湖、马鞍山 6 个沿江市，这是承接产业转移的主轴线；是承接产业 转移的核心区域；“两翼”包括滁州和宣城，着力打造承接沿海地区特别是长三角产业转移的前沿地带。同时从空间上对构建现代城镇体系，实现产业与城镇互动发展作出了整体安排。

推进“一轴双核两翼”产业布局。依托现有产业基础，发挥区位和资源优势，以沿长江一线为发展轴，合肥和芜湖为双核，滁州和宣城为两翼，构筑“一轴双核两翼”产业分布格局。

沿江发展轴：包括安庆、池州、铜陵、巢湖、芜湖、马鞍山沿江六市，依托长江黄金水道和良好的岸线资源，发挥产业各具特色、互补性强、联系紧密的优势，大力发展主导产业，积极培育产业集群，形成现代化大工业和物流业的重要集聚区域。

安庆产业组团。包括安庆市和池州市东至县。依托石化产业基础，促进化工产业集聚，构建循环产业链，进一步增强支柱产业实力。重点承接发展轻纺、汽车零部件及船用设备加工、文化旅游等产业，促进产业多元化。建设全国重要的石化和轻纺产业基地。

铜池枞产业组团。包括铜陵市、池州市和安庆市枞阳县。发挥铜、铅锌、非金属矿产资源优势和产业基础，重点承接发展有色金属冶炼及深加工、非金属材料、机械、化工、旅游等产业。建设世界级有色金属产业基地和著名佛教文化旅游胜地。

马芜巢产业组团。包括马鞍山市、芜湖市和巢湖市无为县、和县。利用沿江港口优势和深水岸线资源，发挥骨干企业带动作用，重点承接发展汽车、钢铁、化工、建材、文化创意等产业。建设全国自主品牌汽车基地和精品钢基地。

合肥、芜湖双核：发挥合肥作为省会城市、全国科技创新型试点市、综合交通枢纽的作用，强化芜湖作为皖江开发开放龙头的地位和重要节点城市的作用，进一步提升两市产业集聚和自主创新能力，增强服务功能，发挥辐射作用，带动示范区产业加快发展。

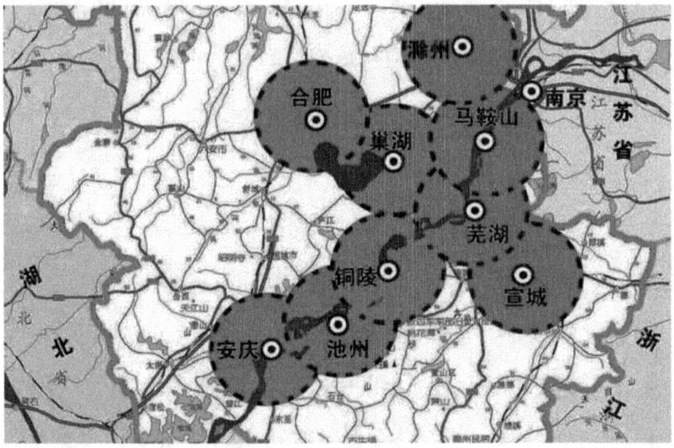

合肥核：包括合肥市、巢湖市部分地区、六安市金安区和舒城县。加快合肥经济圈发展，依托合肥—淮南、合肥—六安、合肥—巢湖等城际公路干线，大力推进工业走廊建设，重点承接发展装备制造、电子信息、家电、现代服务业等产业。建设全国重要的先进制造业基地、高新技术产业基地和现代服务业基地。

芜湖核：发挥芜湖作为沿江重要港口城市，交通体系完善、产业创新和配套能力较强的优势，密切与马鞍山、巢湖的经济联系，推进跨江联动发展和一体化进程，高起点承接发展汽车、新型材料、电子电器、现代服务业等产业。建设全国重要的制造业基地、现代物流中心和创新型城市。

滁州、宣城两翼：充分发挥滁州和宣城两市毗邻长三角、民营经济活跃、矿产储量大、特色农产品资源丰富、开发空间广阔的优势，培育壮大龙头企业，推进产业集群式发展，形成示范区承接产业转移的前沿。滁州大力推进与南京一体化发展，重点承接发展化工、机械、家电、非金属材料、农产品加工等产业，建设重要的盐化工和硅产业基地。宣城重点承接发展汽车零部件、机械设备、农产品加工、旅游等产业，建设重要的机械制造和畜禽产品生产加工基地。

5.6.3 城市发展规划

在中国，随着经济的发展，各级城市都面临旧城改造、开建新城需求。在这一过程中，有些城市发展存在问题。

案例 5–7　鄂尔多斯“鬼城”

以前，整个鄂尔多斯一度是内蒙古最为贫困的地区。直到有一天，这里发现了四大“宝贝”：特有的阿尔巴斯白山羊绒被誉为软黄金；煤炭探明储量 1676 亿吨，占全国 1/6，鄂尔多斯如今是中国产煤第一大市；稀土储量 65 亿吨；天然气探明储量 8000 多亿立方米，占全国 1/3。因为“羊、煤、土、气”，于是扬眉吐气。2007 年年底，中国城市竞争发展力排名：鄂尔多斯增长竞争力全国第一；人均 GDP1.0451 万美元，超过北京、上海。

手中有了钱，政府便开始拓建新的城市发展空间。鄂尔多斯老城区东胜区 23 平方公里上拥挤着 30 万人。2004 年，政府开始在荒漠中开始兴建新区——面积达 32 平方公里的内蒙古康巴什，是一座豪华新城，建设总投资达 50 多亿元。康巴什距离东胜区 22 公里。荒漠中，一条一级路面的大道连接两地。

康巴什的基础设施一应俱全，有办公大厦、行政中心、政府建筑、博物馆、电影院和运动场，成片的中产阶级式的复式公寓和别墅。设计居住 100 万人口。

站在党政大楼 12 层楼顶往南看，在这张巨大的荒漠“白纸”上，矗立着康巴什的六大地标性建筑：剧院、文化艺术中心、会展中心、新闻中心、博物馆、图书馆。

康巴什新区到底有多少人？公务员是这里人口构成的最主要部分。2006 年 7 月 31 日，党政机关从东胜老城区正式迁到康巴什新区，但很多公务员家还在东胜，“于是两头跑。”再就是到政府办事的人。2009 年 8 月出版的《康巴什》季刊透露，新区人口情况 2008 年为 28000 人，最新的人口统计数据为 2.86 万人。

鄂尔多斯鬼城一词，最早出现在2010年的时候，美国《时代》周刊一篇报道《中国鄂尔多斯：一座现代鬼城》，这篇报道引发世界对鄂尔多斯的关注。

中国无论省会、地级市、县城，都在轮番上演着同样的故事，如银川新城、洛阳新城、昆明呈贡新城等。所以，当我们听到“鄂尔多斯50亿建新城如鬼城”时，的确不惊讶，这不过是一个后富城市的后来居上而已。

罗马不是一天建成的。一个多行多业的社区的形成，不是一蹴而就的。一个城市，包含着很多个行业，和复杂的产销链网机制，需要由小到大一步步建立。

5.6.4 市场规划

好多地方的市场建设，都是以市场为中心，随着市场的发展壮大，拆迁周边房屋设施，扩大市场面积，以此培育扶持该市场。

案例 5–8 S 市宠物市场的 10 年 3 迁

S 市宠物市场起步较早，生意红火，能吸引周边相邻城市的不少宠物爱好者前来交易。市场是自发形成的，在老城区环城河路上，由于骑路设市，每到周六周日开市，造成交通拥堵，水泄不通。因而市政府于1999年下令搬迁，新址设在城边空地上。没过3年，空地开发商品房，宠物市场再次搬迁。同样的情况，很快上演。就这样，宠物市场在10年内搬迁3次。每次搬迁，好多人找不到市场或者找不到供货商，因而市场萎缩一截，3次搬迁，市场萎缩一半。

成都市荷花池小商品市场、天津小商品市场、义乌小商品市场，都是以老市场为中心，周边建筑为该市场让路，逐步扩大市场面积。从而，取得较好效果。

5.6.5 经济发展规划中存在的问题

从以上内容可以看出，所有规划一样，都是一幅美好蓝图。经过仔细分析就会发现，其中存在的一些问题：

第一，规划对产业进行分配：安庆产业组团重点承接发展轻纺、汽车零部件及船用设备加工、文化旅游等产业，促进产业多元化，建设全国重要的石化和轻纺产业基地；铜池枞产业组团重点承接发展有色金属冶炼及深加工、非金属材料、机械、化工、旅游等产业，建设世界级有色金属产业基地和著名佛教文化旅游胜地。马芜巢产业组团重点承接发展汽车、钢铁、化工、建材、文化创意等产业，建设全国自主品牌汽车基地和精品钢基地。这种指定分配，是违背市场规律的。东部企业是否愿意转移到给它指定的地方，各地是否会照单全收这些企业。作为东部转移企业会“良禽择木而栖”，多地点比较；而承接地也会提出企业落户的条件。因此，这种安排只能是想当然，即提不出约束条件，也拿不出促进办法，不能实现投资落地。

第二，缺少量化预测。规划中没有提出有多少企业要转移，有多少企业转移到皖江经济带，序时进度是多少。没有量化预测，只能算作一个粗略想法而已。方向性想法与细致性安排之间的矛盾。

第三，由于规划仅仅是个意向，没有提出配套的基础设施建设方案与配套资金数量。

因为行政区划的原因，使得相邻的两个或若干个经济区域不能实现“物尽其用”的合作，或者说这种合作不是最高效率的。例如，芜湖市、马鞍山市与南京市相距 20 公里，具有很大的合作优势与合作空间，可以构建城市群、高效经济区。但是，芜湖市、马鞍山市却与相距 150 公里远的合肥市合作。

5.6.6 经济规划中应该采取的措施

根据以上分析可以看出，有些规划缺乏方法路径，指标进度等，处于意向阶段，属于目标愿望性质，因而，难以落实。综合分析，笔者对规划提出以下几点建议：

第一，规划要进行宏观效率测算，达不到一定效率水平的，不予推进。

第二，由于影响宏观效率的因素很多、很复杂，有时很隐蔽、很难把握，因此，在预判宏观效率难以确定时，政府“被动反应”较好。由企业自主尝试，微观主体先行，政府做好后勤服务。义乌小商品市场，“购全球，全球销”，取得如此大的成绩，不是谁设计出来的，是若干种政策措施不断作用一步步推动发展起来的。区域经济不定向发展，不规则分布，脱离实际的规划没有用，只能浪费资源。一个区域的崛起，有其内在动因，其一是宏观高效率。其二是人，中国的南方人特别是浙江人，更充满了生产经营活力，更乐意花费更多的时间与精力。

第三，多采取单项规划，如规划一条路、一个产业园，这样算得清、把握大。

第四，增加与相邻行政区域之间的合作规划。一般情况下，建立在行政区划基础上的经济发展规划，加强了本行政区划内经济发展的协调，但是，往往忽略了与相邻行政区划之间的合作。比如，马鞍山市与南京市相距仅有20公里，较优选择是融入南京都市圈，并参与分工合作。但是，由于行政区划的关系，被强调与合肥市合作。这样做的结果，必然造成马鞍山市宏观经济效率较优方案不能实现。

从上可以看出，由于地方政府政绩的考虑，或者职权范围的限制，没有能实现宏观效率的最大化。

第 6 章　亚宏观管理

宏观经济理论创立以来，在指导宏观管理实践方面取得了巨大成就，世界主要经济体没有再发生先前那些剧烈经济危机情况。但是，宏观经济实践方面出现一些相对低烈度经济问题，诸如：2008 年世界金融危机；主要经济体增长缓慢问题，甚至在 20 世纪 70 年代出现“滞涨”情况；因对经济是否过热的不同判断而引发争论问题。而且，现行宏观经济理论及政策一直不能很好地回答与解决这些问题。

在对这些问题的探索过程中，笔者发现这些问题的本质隐藏于经济的更深层次，需要更深入细致的方法予以解决。根据这些问题背后的经济规律、特点，笔者称其为亚宏观经济规律，而且，这样便宜与原有宏观经济理论相区别。由于现行宏观经济理论不能满足人们的更高期望，笔者提出亚宏观管理理念。

原来宏观经济理论的“总供给 = 总需求”层面，现在，更深入一层，达到“某行业产能 = 其产品需求”层面。例如，钢铁生产行业，能正常生产，其产品数量，等于产品需求量。假定第 i 行业的产能等于，对第 i 行业产品的所有需求，表示为：$产能_i = 需求_i$，也是亚宏观管理目标。如果各行业都如此，所有行业的供给皆等于其产品需求，那么，$\Sigma\ 产能_i = \Sigma\ 需求_i$。这种情况下的总量平衡，是比现行宏观经济管理更高质量的总量平衡。对应地，亚宏观管理措施，比现行宏观管理措施更深入一步，因此，能够更精准地调控经济。对于刚性需求行业，如粮食、客运，过去讲的煤电油运行业，应该产能略大于需求。

6.1 经济亚宏观管理理念

亚宏观经济理论，属于宏观经济理论的范畴，是对宏观经济理论层次的深化、细化，是宏观经济理论的次节理论探索。它主要包括：产品循环及平衡、货币循环、产品货币平衡、亚宏观管理措施等内容。基于亚宏观经济规律而提出的手段，叫亚宏观管理措施。

宏观经济是持续运行着的，因为，人类的生产与消费一刻也不能停止。现行宏观经济理论认为，宏观经济运行可以分为：衰退、疲软（或滞涨）、繁荣等 3 种状态。如果以 GDP 增速来划分，可以分为负增长、零增长、低速增长、中高速增长等，增速 4% 以下为低速增长，8% 以上为高速增长。

根据产品匹配方程可知，经济宏观运行从来未处于过完全健康状态。所谓完全健康状态，即各种产品没有积压、没有脱销情况，即产量 $_i$= 需求 $_i$，也可以称为理想状态。完全健康状态是不存在的，因此，宏观管理者的目标只能是无限逼近理想状态。

亚宏观经济一直处于非完全健康状态，或者叫亚健康状态。这是由以下原因造成的：其一，商品种类繁多，达到 2 万多种，如果计入颜色、材质、型号、配置等因素，亦是相当浩繁了，如实物循环理论所分析，产品运动方程无法保持同一比例，不可能完全平衡。当不平衡积累达到一定量级时，会引发经济危机，经济进入下一个运行状态。其二，人类需求不断优化升级。人心向上，希望明天生活比今天更美好，在其他条件不变时，人们追求更舒适的生活生产方式，推动经济结构发展升级。如中国近几十年，食用油从普通压榨油→色拉油→调和油，逐步提高；工作环境恶劣的施工机械，其驾驶室由漏风漏雨变为密封、空调与音响，又脏又破的座椅变得高阔且多层减震。其三，人口增长。人口规模与结构变化，必然导致经济规模与结构变化。其四，技术进步。新的更先进的技术必然推动消费方式与生产方式升级，导致经济结构变化。以上四个因素，长期持续地影响着经济运行状态，积累到一定量级时，就会显著改变经济运行状态。其五，战争、瘟疫、自然灾害，是改变经济运行状态的常见重要原因。

6.1.1 宏观经济管理者

经济宏观管理者，即宏观经济管理者，是对宏观经济调控拥有决策权、指挥权的机构或机构系统。美国宏观经济管理者包括国会、总统、美联储、财政部等。中国宏观经济管理者主要包括决策系统：中共中央政治局、全国人民代表大会、中央财经领导小组、国务院，并由国务院指挥、协调、落实。实施系统主要包括：各级地方政府及计划、银行、财政、税务等部门。辅助系统主要包括：信息、统计、行业协会等机构。

宏观经济管理者的职权，应当充分，达到足以保障积极主动地调节经济运行的额度。因为，如果不能维持宏观经济的高效率，就没有微观经济体的效益。因此，宏观经济管理权应主要包括：货币供应调节权、财政支出调节权、税收调节权、国际贸易调节权、行政应急处置权。还要根据经济社会的发展变化，相机增加一些职权。足够的权力，有力的调控手段，是保障宏观经济运行良好的必备力量。像拥有一个强有力的维修保障队，才可以保障机器良好运行一样。那么，我们为什么不备这种力量，而要放任宏观经济发展呢？或者，出现问题后才去组建维修队呢？

宏观经济管理者职权很大，应当对其设定条件加以制约。例如，建立事后报告制度，即在采取紧急措施后，及时报告权力部门备案。一般不得对某个或几个确定的企业出台政策，只能以某个或几个确定的行业，作为调控对象。对于税收调节，如果开征新税种或调整税率，期限不能超过一年。

宏观经济主体，一般来讲，每个国家都是。第一，有一定的地域范围，包含生产者与消费者，有若干个互相连接的行业，形成一个有机整体，能够独立存在下去。第二，能自主采取各种经济政策。香港特别行政区、澳门特别行政区，属于区域宏观经济主体。

中国的省、市、县等地方政府，即使在本区域内，其决策权很少且有限，因此，地方区域经济不能算作一般的经济主体。由于地方经济包含若干个行业且形成一个有机运行的整体，因此，可以算是次级（或局域）宏观经济主体。地方宏观经济管理者——地方政府作为宏观经济管理者系统的一部分，职责是执行宏观经济管理政策，落实宏观管理者的措施，但不对宏观经济运行负责。但是，局域宏观管理者对上级政府“管剩的”部分负有责任，可以在不违反国家宏观经济规划、部署情况下，通过产业布局规划，努力提高本区域经济的宏观效率；通过招商引资引进企业等措施，提高本区域资本密度，促进本区域经济发展。

6.1.2 亚宏观管理目标

一般认为，宏观经济管理目标有四个：① 经济高速且持续增长；② 高就业率或低失业率；③ 稳定或温和上升的价格水平；④ 国际贸易平衡。

经典的宏观经济目标有四个，但是，细究起来，四个目标的分量是不同的，可以分为三个层次：第一个层次是第一个目标，即经济可持续的快速增长，这是核心，需要积极追求实现的。其理由正如中国政府提出的，其他矛盾可以通过发展来解决。如果不能实现显著的宏观增速，其他目标的矛盾会加剧，解决矛盾的力量会削弱，因此，更难实现其他目标。经济的快速增长，对于像中国这样的发展中国家来说，具有特别重要的意义。第二个层次目标，包括物价水平稳定和国际贸易平衡两个目标。这两个目标的实现，对第一个目标起到保障与促进作用。例如物价水平，如果出现暴涨，就会引发经济秩序混乱，降低宏观效率，必然导致经济增长速度下降，甚至负增长。国际贸易，如果出现巨大逆差，容易引起经济增长的不稳定；如果出现巨大的顺差，会削弱经济增长动力。第三层次，充分就业目标。严格地看，这个目标不是经济目标，而是社会目标或政治目标，这是显而易见的。

鉴于以上分析，我们可以重新审定宏观经济目标。广义地说，宏观经济管理者的目标，都是宏观经济的目标。除上述四个经典目标外，还可以包括缩小收入差距目标、国际经济博弈目标等。从人类历史长河来看，缩小收入差距是推动经济发展的重要途径，原理是增加总需求。其主要手段是提高基层大众的收入水平，如规定及提高最低工资水平、增加各种政府救助等。每经过一个时期的发展，宏观经济管理者就会重点提出这一问题。随着经济全球化，国际经济联系越来越紧密，国家在国际市场中的主体地位被凸显出来。如何充分利用国际市场，提高本国的经济收入，成为变得越来越重要的问题。美国，通过其历史的积累，在二战后成为经济超级大国，在国际博弈中掌握主动权。通过美元与先进技术，从其他国家获得了超额利益。中国作为全球第一贸易大国，潜在着巨大的国际利益，及其损失的风险。随着人民币走向世界，中国的国际利益及风险，都会跃升到一个超高水平。

有人的地方就有经济问题，就需要加以管理。为了能够应对各种经济变故，随着研究的深入，经济学涉及的内容越来越广。宏观经济总是与政治联系起来，且是后者的主要内容，从各国政党、政府的工作，及总统选举都能充分表现出来。各国领导者为了应对诸如政治、外交、军事问题，都需要依仗经济实力来解决。随着经济社会的发展，宏观经济管理者所顾及的事项越来越多，其认为需要应对的都可能成为宏观经济管理目标。

综上分析，中国当前及将来的宏观经济目标，应为：国内生产总值（GDP）持续快速增长。GDP 增长，是世界各国政府及政治家的基本追求及政治生命保障。对于发展中国家而言，经济更是国家和民生的根本需求，更需要 GDP 持续快速增长。围绕 GDP 这个核心目标，可以制定一些阶段性目标，如增加基层居民收入。还可以制定一些社会性、政治性的目标，如充分就业。可以定出一些次级目标，如物价水平稳定，它是经济健康发展的基础条件，因此，这些只能算作围绕 GDP 持续快速增长的次级目标。GDP 是衡量一国经济的最重要最核心指标，没有哪个指标能够接近它的宏观全面整体意义。

根据以上分析，亚宏观管理的一级目标：维护宏观经济健康运行，即某行业产能 = 该行业产品需求量；提高宏观经济效率；国际经济博弈管理。这三者也是实现 GDP 持续快速增长的三个“抓手”。努力提高宏观经济效率，这是主动作为。宏观高效率是提高经济增长质量的主要途径，是经济增长的持续动力，也是赢得国际博弈的基础。国际经济博弈的目的，是在国际经济交往中，本国能获得更大的经济利益。

6.1.3 解析现行宏观经济理论及政策

1788 年，英国爆发工业革命后第一次经济危机，其后，约每五至十年爆发一次经济危机，经济危机爆发呈现明显周期性。当危机到来时，大量商品滞销，生产停顿，工厂倒闭，大量工人失业，社会混乱。经济危机给经济和社会造成巨大伤害。其中，1825 年英国第一次爆发普遍的经济危机，危机席卷英国主要工业部门。1857 年，爆发第一次世界性经济危机，当时世界主要经济体英国、美国、法国、德国，无一幸免。

1929—1933 年爆发资本主义世界经济大危机，造成工业、农业、商业和金融部门的危机。

资本主义世界贸易总额缩减 2/3，资本主义世界工业生产下降 37.2%，其中，美国下降 40.6%，法国下降 28.4%，主要国家的生产退回到二十世纪初或十九世纪末的水平。1932 年，按完全失业工人计算失业率，德国为 43.8%，美国为 32%，英国为 22%（如表 6–1 所示）。世界工业生产，由于股价暴跌（如图 6–1）和生产停工而遭受的经济损失达 2600 亿美元，超过第一次世界大战造成的损失。

图 6-1　美国华尔街股市指数波动情况

表 6-1　资本主义世界大危机相关数据

	工业生产下降	对外贸易缩减	失业人数
美国	47%	75.7%	约 1700 万
德国	40.6%	70%	500 万人以上
日本	32.9%	75.9%	300 万人左右
资本主义世界	1/3 以上	2/3	3000 万人以上

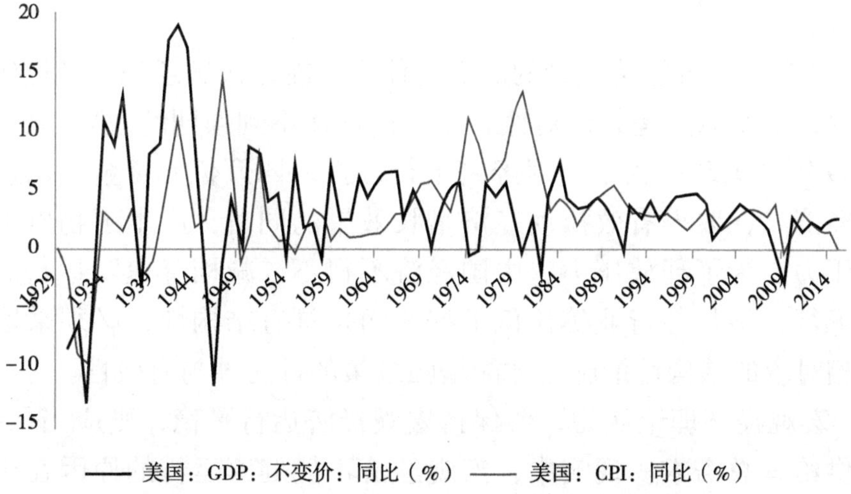

图 6-2　1929～2015 年美国 GDP 增速、CPI 波动情况

周期性的经济危机，催生了宏观经济理论，并且，宏观经济理论取得了巨大成就。理论创立后对比理论创立前，经济危机爆发的频次下降、烈度减低，持续时间缩短，对经济造成的伤害大大减轻。从图中可以看出，经济下挫的幅度明显收窄，说明宏观经济理论在管理实践中取得显著成效，见上图 6–2。

但是，随着社会进步，人们在运用宏观经济理论取得这些伟大成果的基础上，继而产生出更高的期望。或者说，宏观经济理论在解决实际问题方面还存在较为严重的问题。一是宏观经济理论没有能力阻止经济危机发生。自宏观经济理论创立后，仍然发生多次经济危机，对经济造成重大困难，如石油危机、金融危机等。以美国为例，二战后美国共发生 9 次经济危机，分别在 1948 ~ 1949、1953 ~ 1954、1957 ~ 1958、1960 ~ 1961、1969 ~ 1970、1973 ~ 1975、1980 ~ 1982、1990 ~ 1991、2007 ~ 2012 年。二是经济危机发生后，阻止危机蔓延扩大的效果不能让人们满意。美国为了应对 2007 年金融危机，实施量化宽松货币政策，虽然缓解金融危机的部分压力，但危机延续时间长达 6 个年头。三是对许多经济现象，如：经济是否过热？经济学家们之间争论不休。争论说明理论不统一，原有理论需要更深入地探讨。

现有对宏观经济政策的成效为什么不能令人满意呢？经过研究发现，主要原因是其针对性较差，往往达不到预期的效果。例如，2009 年中国政府为了应对经济下行，投入四万亿元资金，以期拉动经济。在取得有效拉动经济增长效果的同时，产生了物价上涨的压力。为了释放压力，中国经济不得不“减档降速”运行。经济下行，不是各行业等比例下挫，而是具有结构性，必须采取与其相对应的结构性措施，才能增强政策的针对性与有效性。

宏观经济理论认为，要保持宏观经济运行平稳，则应当保持：总供给 = 总需求。现实中，宏观经济不能健康运行的原因在于总量失衡，即社会有效需求不足，因此，需要在自由竞争的市场经济基础上，施以宏观经济政策来调节。

宏观经济政策，一般认为包括：财政政策、货币政策、产业政策、价格政策、收入分配政策，有的还包括对外经济政策。其主要政策是财政政策和货币政策。财政政策主要包括：财政补贴、国家税收、国家预算、国家债务、信贷政策。货币政策主要包括：国家预算、公开市场业务、利率手段、再贴现手段、存款准备金手段。

宏观经济理论创立后，很快被市场经济国家接受，成为国家管理经济的主要的、基本的理论。其后，与各国的经济实践相结合，形成不同的流派、支系，理论得到极大的丰富与发展。现已发展成为全世界的主流经济理论。

现在，我们逐一分析现行宏观经济政策。作为宏观经济政策，首先都必须具有宏观性。所谓宏观性，就是在总量上具有足够大的规模，对宏观经济会产生显著影响。当然，如果某一拟用经济政策，经审查不具有足够的影响力，宏观管理者就不会采用。现有宏观经济政策，具有不同的结构性。所谓结构性，就是在实施后，对不同种类产品、不同行业的调控力度是显著不同的，并且是确定的。可见，宏观性强调的是总量规模足够大，结构性强调的是能否产生差别调节效果。

第一，货币政策，具有显著的宏观性。由于货币的同质性，货币政策涉及的货币数量总是庞大的，因此，必然具有宏观性。在近年的宏观经济管理实践中，有时也设计出结构性政策，例如，中国的首套房贷款政策、支持实体经济政策等。由于货币总量在大部分情况下是无差别地调控宏观经济，因此，其结构性很弱。

第二，财政政策—宏观性、结构性。财政支出由于要落实到具体的项目上，就具有了结构性。但由于不同类型的项目，对各行业的影响也不同，因此，结构性受到削弱。

第三，税收政策。由于税收结构性都很强，宏观性较强。税收的六要素，决定了税收政策对不同行业的影响是明确的，因此，具有显著的结构性。

表 6–2 宏观经济政策比较分析

	宏观性	结构性	市场反应迅迟
货币政策	强	弱	一般
财政支出政策	强	一般	灵敏
税收政策	较强	强	灵敏

中国在宏观经济管理实践方面，积极探索与创新，提高了某些政策的针对性。2016 年，中国政府为了保障贷款能够流入实体经济，出台限制性贷款政策。对个人贷款，限制使用方向，即只能用于消费，如购买家用电器、住房装修，而不能用于炒股等投资。为此，规定贷款资金不能直接进入个人账户，对于购买家用电器的，资金只能进入销售商账户。

中国还在扶持光电产业与小微企业方面，做了积极地探索，见案例 6–1。

案例 6–1 扶持光电产业与小微企业

2013 年，国务院出台促进光伏产业健康发展的若干意见。随后，财政部颁布对分布式光伏发电项目按电量补贴等实施办法。主要内容包括：（一）分布式光伏发电项目项目确认。（二）补贴标准。（三）补贴电量，抄表计量作为计算补贴的依据。（四）资金拨付等。

2013 年，财政部、国家税务总局联合发文，暂免征收部分小微企业增值税和营业税。自 2013 年 8 月 1 日起，对增值税小规模纳税人中，月销售额不超过 2 万元的企业或非企业性单位，暂免征收增值税；对营业税纳税人中月营业额不超过 2 万元的企业或非企业性单位，暂免征收营业税。

这些政策，强化了调控措施的结构性。

6.2 亚宏观管理基础措施

当前，在宏观经济管理中，经济监测指标有几十个之多。世界各主要经济体之间，宏观经济监测指标也不完全一致，但主要指标是一样的，常见的有：国内生产总值（GDP）、失业率、工业增加值、固定资产投资额、消费物价指数（CPI）生产物价指数、贸易赤字、外汇储备、货币存量、经济景气指数等。这些都是宏观指标。

现在，根据产品循环理论，笔者提出亚宏观经济管理的指标：分行业产能（产量）监测、分类产品价格监测、分行业利润（利润率）监测。

亚宏观经济基础管理包括三个步骤：第一步，规划、预计，即对某行业产能（产量）进行规划，预计该行业利润（利润率），划出经济运行良好状态时的数值范围及不同数值时的预警级别，据此计算出其对应价格。第二步，实施监测，即采集数据，处理数据，确定结果数据。第三步，比对数据，即把结果数据与规划预计数据比对，判断该行业经济运行优劣，将对比结论上报宏观管理者，或对社会公布。

6.2.1 产能（产量）规划

我们不希望：产品被生产出来，由于过剩即成“废物”，因此，我们必须对产品需求量作出预测，对产能作出规划。在工业社会，产量和产能是紧密联系的，产量是产能的实现；产能是潜在的产量。先有产能，后有产量，一前一后同进退。当产量过剩或产品价格低迷时，产能必然会闲置或被浪费，产能已经先期过剩了。为了提高宏观效率，宏观经济管理者希望把产量产能控制在合适的水平上。当预测某种产品产量在未来某个时间段过剩时，应当马上采取措施，抑制它的生产，先期抑制产能建设效果会更好；当预测产量不足时，鼓励扩大生产，更应该先期鼓励扩大投资增加产能。

为了提高效率，我们希望产能没有闲置，即满负荷运转。

6.2.1.1 产量规划

根据《国家五年规划》目标，推算出产品数量规模，并予以评估调整。产品数量，在市场上看，就是需求量。下表为某种产品产量规划，在进口量栏中，出口量为负，需求量 - 进口量＝自产量，自产量为国内产量。

表 6-3 某种产品产量规划表

年度	2016	2017	2018	2019	…		
需求量							
进口量 出口量（—）							
自产量							

宏观经济管理者关注的若干种产品汇集到一起，构成《多种产品自产量汇总表》，如下。

表 6-4 多种产品产量汇总（平衡）表

自产量	2016 年	2017 年	2018 年	…	2015 年
钢铁（吨）					
电力（亿度）					
水泥（吨）					
煤炭（吨）					
石油（吨）					
…					

6.2.1.2 产能规划

某产品国内产量，就是其行业的国内产能。宏观经济管理者根据规划的自产量，妥善规划产能建设。以钢铁生产行业为例，根据国家社会经济发展规划、国际钢铁产品市场供求关系发展趋势预测、国家重点工程建设规划等因素，编制我国钢铁生产行业产能规划。同时，制定预警值。

表 6–5　钢铁生产行业产能五年规划表

年度	2016	2017	2018	2019	…		
产能							
预警值							

为了更好地监控经济运行，我们还可以在时间长度上做更细密地规划，从年→半年→季度→月，如站在 2015 年底，对钢铁生产行业产能 2016 年度规划表。

表 6–6　钢铁生产行业产能年度规划表

年度	2016 年				2017 年			2018 年	
分期	1 月	2 月	3 月	…	1 季	2 季	…	上半年	下半年
产能									

选取若干主要行业，分行业制定产能规划。

根据产品匹配方程原理，各种产品之间在数量上构成互为变量关系。比如，想增加电力产能，就要建设发电站，需要消耗水泥、钢材、电力、柴油汽油等。如果要建设火电站，将来要消耗大量的煤炭。因此，需要多行业产量汇集一起互动规划。

表 6–7　多种行业产能规划平衡表

产量	2016 年	2017 年	2018 年	…	2025 年
钢铁（吨）					
电力（亿度）					
水泥（吨）					
煤炭（吨）					
石油（吨）					
…					

国际市场因素。世界上所有的国家，都在利用国际市场，互通有无，提高效率。国际市场既能熨平国内市场的波动，也会引起国内市场的波动，国际国内两个市场相互影响。因此，国际市场因素也应考虑在内，中国作为世界贸易第一大国尤其如此。

产品种类的遴选。世界上有两万多种产品，我们不可能、也没必要对所有种类的产品产量进行规划，只能遴选部分种类的产品。不同种类的产品，其产量的增减变化，对宏观经济运行的影响力度是不同的。如粮食、住房、电力，这类产品是经济运行的基础，产销量大、需求刚性强。其产量波动，会对宏观经济产生巨大的影响。有些行业，如钢铁生产、电力生产，从投资开建到投产，要经历较长的周期，因此，也要做好规划。另一些需求量小、需求弹性大、替代性强、国际市场容易调剂的产品，如芝麻、香菇、化妆品等，对宏观经济的影响就小得多，甚至可以忽略不计，宏观经济管理者可以不管它。由于我们信奉亚宏观管理理念，对产品产量进行规划，因此，不能采用价格计量，而必须以物量（吨、度等）计量。

产量规划与计量经济学的投入产出表相比，相同的是，都是量化。不同的是，前者是预期，是以物量计量，关注的对象是有选择的；而后者是以价格计量，描述的是所有的产品。

根据产品运动方程可以看出，许多产品件都有一个物量的比例关系，而且，这一比例关系是相对稳定的。当今社会，产品的种类是庞大的，约为 20000 种，尚且不包括型号、规格、厂家等。要对如此众多的产品作出产量规划，几乎是不可能的。但是，由于他们对宏观经济的影响不同，我们只需选择一些产量大、基础性强、关联度高的产品，予以规划。在有余力的情况下，增选一些敏感产品、易被炒作产品，予以关注。下面，我们分类选取一些产品，这样选取，主要是展现理论分析。在实际操作中，宏观经济管理者根据自己的判断，选取产品种类。

第一类，大宗产品，如煤炭、钢铁、粮食、猪肉、电力等。这类产品，既是大宗，也是基础性产品，关联性强。对这一类产品，要由专门的行业协会监管，作为行业协会的主要工作内容。

第二类，易被炒作产品，如几年前曾经发生的“豆你玩”、“蒜你狠”等现象，都是这类产品的特点。

第三类，敏感类产品，如食盐等。

不同的产品，规划的依据、难易程度不同。如粮食，它的供应来源于农业生产，主要措施是保护好耕地规模，并提高单产。从它的需求看，主要因素是人口的增长和饮食结构的变化。粮食的需求量比较稳定，产量规划相对容易，规划的波动区间可以较窄。对钢铁产量的规划，从生产角度看，其投产周期长；从需求看，钢铁用途广，涉及面大，广泛应用于基础建设，汽车、火车、飞机、轮船制造、日常生活等领域，因此，产量规划变得异常复杂。

不同种类的产品，其规划周期不同。如钢铁、电力生产，由于其投产周期长，因此，在规划其产量时，要做二十年甚至更长时间的远期规划。对于投产周期短的产品，其产量规划作五年期的即可。见前表。在表中，规划的产量分为两个部分：本期（本年度）的即要执行的部分；将来的即用于预期的部分。对本期的，要设定分级预警值，预设对应调控措施。《产品产量（产能）规划表》应当年年规划，根据国家经济战略，滚动调整数据。由于许多数据之间互为参数，所以，需要联调。

由于一些行业的产能，如电力，建设周期很长，为了保障电力供应可靠，因此，需要做远期规划。并且，远期规划与中期规划、近期落实相结合，滚动规划，逐步实施。

6.2.1.3 与《国家五年规划》衔接

《中华人民共和国国民经济和社会发展第十三个五年规划纲要》，简称“十三五”规划（2016—2020 年），规划纲要《中共中央关于制定国民经济和社会发展第十三个五年规划的建议》编制，主要阐明国家战略意图，明确政府工作重点，引导市场主体行为，是 2016—2020 年中国经济社会发展的宏伟蓝图，是政府履行经济调节、市场监管、社会管理和公共服务职责的重要依据。是中国国民经济计划的重要部分，属长期计划。主要是对国家重大建设项目、生产力分布和国民经济重要比例关系等作出规划，为国民经济发展远景规定目标和方向。

《国家五年规划》主要内容。第一篇，转变方式，开创科学发展新局面。包含第一～四章，发展环境、指导思想、主要目标、政策导向。第二篇，强农惠农，加快社会主义新农村建设。包含第五～八章，加快发展现代农业、拓宽农民增收渠道、改善农村生产生活条件、完善农村发展体制机制。第三篇，转型升级，提高产业核心竞争力。包含第九～十四章：改造提升制造业、培育发展战略性新兴产业、推动能源生产和利用方式变革、构建综合交通运输体系、全面提高信息化水平、推进海洋经济发展。第四篇，营造环境，推动服务业大发展。包含第十五～十七章，加快发展生产性服务业、大力发展生活性服务业、营造有利于服务业发展的环境。第五篇，优化格局，促进区域协调发展和城镇化健康发展。包含第十八～二十章，实施区域发展总体战略、实施主体功能区战略、积极稳妥推进城镇化。第六篇，绿色发展，建设资源节约型、环境友好型社会。包含第二十一～二十六章，积极应对全球气候变化、加强资源节约和管理、大力发展循环经济、加大环境保护力度、促进生态保护和修复、加强水利和防灾减灾体系建设。第七篇，创新驱动 实施科教兴国战略和人才强国战略。包含第二十七～二十九章，增强科技创新能力、加快教育改革发展、造就宏大的高素质人才队伍。第八篇，改善民生，建立健全基本公共服务体系。包含第三十～三十六章，提升基本公共服务水平实施就业优先战略、合理调整收入分配关系、健全覆盖城乡居民的社会保障体系、完善基本医疗卫生制度、提高住房保障水平、全面做好人口工作。第九篇，标本兼治，加强和创新社会管理。包含第三十七～四十一章，创新社会管理体制、强化城乡社区自治和服务功能、加强社会组织建设、完善维护群众权益机制、加强公共安全体系建设。包含第十篇，传承创新 推动文化大发展大繁荣。包含第四十二～四十四章，提高全民族文明素质、推进文化创新、繁荣发展文化事业和文化产业。第十一篇，改革攻坚，完善社会主义市场经济体制。包含第四十五～四十九章，坚持和完善基本经济制度、推进行政体制改革、加快财税体制改革、深化金融体制改革、深化资源性产品价格和环保收费改革。第十二篇，互利共赢，提高对外开放水平。包含第五十～五十六章，完善区域开放格局、优化对外贸易结构、统筹“引进来”与“走出去”、积极参与全球经济治理和区域合作、发展民主推进社会主义政治文明建设、发展社会主义民主政治、全面推进法制建设、加强反腐倡廉建设。第十四篇，深化合作，建设中华民族共同家园。包含第五十七～五十八章，保持香港澳门长期繁荣稳定、推进两岸关系和平发展和祖国统一大业。第十五篇，军民融合，加强国防和军队现代化建设。包含第五十九～六十章，加强国防和军队现代化建设、推进军民融合式发展。第十六篇，强化实施，实现宏伟发展蓝图。包含第六十一～六十二章，完善规划实施和评估机制、加强规划协调管理。

国家经济社会五年规划中，有数据性指标有 46 个，属于定量规划，但更多的是定性规划。因此，五年规划主要是指导性规划、预期性规划、方向性规划、定性规划，需要采取可操作性强的细化措施，予以落实与实现。

五年规划的细化。为了落实五年规划，一些部门作了行业细化。2011 年底，工业和信息化部发布《石化和化学工业“十二五”发展规划》，并配套《烯烃工业“十二五”发展规划》、《危险化学品“十二五”发展布局规划》、《化肥工业“十二五”发展规划》、《农药工业“十二五”发展规划》四个子规划。在规划中，分析的重要依据是国内消费，而不是世界市场需求。没有以石化企业为起点。没考虑行业利润、企业投资动力、意愿。是“生产型”规划。规划的是产能，却不知道市场情况。只规划单一行业，没有考虑其他行业因素，及对其他行业的影响。

交通运输部发布《交通运输“十二五”发展规划》与《公路水路交通运输环境保护“十二五”发展规划》《“十二五”公路养护管理发展纲要》《道路运输业"十二五"发展规划纲要》《公路水路交通运输节能减排“十二五”规划》《公路水路交通运输“十二五”教育与培训发展规划》《公路水路交通运输信息化“十二五”发展规划》《公路水路交通运输"十二五"科技发展规划》《“十二五”综合交通运输体系规划》《中国民用航空发展“十二五”规划》。国家五年规划，来自于计划经济时期，主要提出将要达到的目标，没有说出实现目标的方法路径、进度，及如何测评实现程度。

《国家五年规划》与《产品产量（产能）规划表》相比较，前者是大方向，是目标数、期望数，对后者具有指导、指挥意义，相对主观性强。后者是对前者的落实、具体化，也是对前者的修正，更接近实际，相对客观性强。

6.2.2 需求预测

需求预测，与产量规划相比：后者是一个目标，侧重远期的，可以规划得时期很长，如五年、十年甚至二十年，主要适用于生产阶段；而前者是侧重近期的，将很快兑现现实购买力，主要适用于消费阶段。

现实的需求，就是货币购买。由于货币的同一性，对应着上万种商品，因此，购买有着海量的选择空间。由于人们的消费偏好，因此，需求具有显著的主观性。服装年度流行的变化，就是一个典型的事例。这里的偏好，不要求所有人具有同一偏好，而是只需 1% 甚至 1‰的人，新增或失掉同一偏好，就足以让一个行业蓬勃发展，或走向凋零。这种现象，可以叫做群体性偏好。这种偏好，所有人群都存在，美国人不同于中国人，上海人不同于北京人，城市居民不同于农村居民。人群偏好还是一直变化的，尽管各种偏好变化速度、轨迹不同。由于人群偏好，对经济具有巨大影响，因此，应该经常性地或定期地调查预测。

人们的支出意愿，在其他因素不变的情况下，会随着时间的变化而逐步改变，因此，要定期、不定期地展开调查。

收入的变动，是改变消费倾向的重要因素，因此，我们要对“收入 – 消费倾向”进行预测。为了增强调查结果的可用性，应该分群体展开调查，如农民群体，公务员群体等。有了这些分群体倾向，国家在出台收入政策时，就可以以此促进经济发展，而避免不利情况发生。

6.2.2.1 居民支出意向问卷调查

6.2.2.1.1 普通调查

不同的人群，其支出意向是不同的。下面我们以差别较大的两类人群为例，加以说明。农民支出意向调查，见表 6–8。

对于公务员，可以作为一个群体开展调查，根据笔者对 S 市公务员的了解，其支出意向问卷调查表的备选项，可以设为：① 购买轿车；② 购买住房；③ 出国旅游；④ 住房装修；⑤ 子女结婚（不含前四项支出，只包括结婚仪式、请客吃饭、衣服首饰指出）；⑥ 投资实体；⑦ 投资理财；⑧ 自己增添项目。

表 6–8　农民支出意向问卷调查表

排序	①	②	③	④	…		
名称							
金额							
备选项	① 建新房；② 住房装修；③ 购买轿车；④ 子女结婚（不含前三项支出，只包括结婚仪式、请客吃饭、衣服首饰支出）；⑤ 投资种植或养殖业；⑥ 提高生活水平；⑦ 自己增添项目						
说明	① 本表排序以优先程度为顺序，排在前面的优先于后面的； ② 本表备选项以外的，调查对象可以自己添加； ③ 对于同等优先的项目，可以标注同一序号						

6.2.2.1.2 将来一年支出意向调查

为了更精确地调查居民支出意愿，我们可以设定时间为将来一年，这样，既利于信息使用者掌握，也利于调查对象把握。在操作时，注明时间界定为2019年度即可。当然，也可以按照我们的需求，设定为季度、半年、特定的季节等。

6.2.2.1.3 收入增加－支出意向调查

由于收入对支出有着决定性的影响，收入变动也会影响支出意愿。国家会出台居民收入变动政策，如增加农民收入政策、公务员涨工资等，因此，需要对因收入而引起的支出意愿开展调查。这样，我们在调查表前增加收入增加金额，如来年增收一万元、二万元等，《收入增加－支出意向问卷调查表》。

当然，对于支出意向调查，我们可以根据需求，同时设定多个前提条件，如同时设定：分群体、年收入增长10000元、未来一年等。

6.2.2.2 产品需求预测

根据前面的居民支出意向调查，通过合并汇总处理，我们可以得出《产品需求预测表》。

表6-9 若干种产品需求预测表

排序	①	②	③	④	…		
名称	轿车	水泥	钢材	餐饮			
金额							

表中，水泥、钢材是根据建房的消耗比例经验测算出来的。当然，测算哪些种类的产品，是根据我们的需要确定的，比如，还可以从餐饮中分出酒、饮料、猪肉等产品种类，并测出他们的需求量。

根据实际具体需求，可以设计出多种调查表格。

6.2.2.3 与产能规划的衔接

产能规划与需求预测，都是为将来打算，但是，前者可以规划时间很长：五年、十年，甚至二十年、三十年，而后者预测时间很短：几个月、一年、二年，时间再增加长度，其参考意义就会趋于零。但可以通过需求预测反映出来的趋势，调整近期产能规划。

6.2.3 经济运行监测

想要监测经济运行，就要具有监测手段。监测手段包括：谁来监测？有哪些监测指标？监测指标：产量指标、价格指标、利润（率）指标。为了提高对监测指标反应的灵敏性与处置的针对性，根据以前积累的数据，预先对监测指标值划分出不同的数值区间，分别为：平稳运行区间，一级预警、二级预警、三级预警区间。当监测指标进入一级预警级别时，即给予特别的高度关注，监测机构要提供频度更高的指标值，而且在环比值的基础上计算累计变动幅度；当进入二级预警级别时，即启动立案调查程序，为采取调控措施做准备；当达到三级预警级别时，实施调控措施。

6.2.3.1 价格监测

中国当前已经建立价格监测制度，但是，还需要进一步完善和提高。

案例 6–2　石家庄物价一周主要农副产品价格监测情况（2013 年 9 月 18 日）

本周恰逢中秋小长假，节日前夕，该市所监测的主要农副产品货源充足，种类丰富，价格平稳。其中粮油、肉类价格基本稳定，鸡蛋价格有所回落，蔬菜价格升多降少。

本周所监测的集贸市场大米价格平均为每 500 克 3.00 元，面粉（特一粉）每 500 克 2.10 元，价格变化不大。鲁花桶装 5 升花生油价格为 129.90 元，5 升桶装金龙鱼食用调和油为 67.90 元，价格与上周持平。

猪肉后座平均价格每 500 克 14.50 元左右，牛肉价格为 27.00

元，羊肉 32.00 元，均与上周持平。

本周集贸市场鸡蛋价格小幅回落。平均每 500 克 5.00 左右，较上周下降了 2%。预计中秋节过后鸡蛋价格将小幅波动，国庆节过后或将出现回落。

本周受节日因素影响，蔬菜价格与上周相比升多降少，平均价格变化不大。所监测的 16 种蔬菜价格，6 种上涨，3 种下降，其余持平。平均价格较上周下降了 0.3%。

石家庄市 2013 年 9 月 18 日 30 种生活必需品价格监测表

商品名称	单位	规格	9 月 18 日	9 月 17 日	环比
面粉	元 /500 克	特一	2.10	2.10	0.0%
粳米	元 /500 克	标一	3.00	3.00	0.0%
精制玉米面	元 /500 克	一等	1.90	1.90	0.0%
花生油	元 /5 升	一级桶装 鲁花牌 压榨	129.90	129.90	0.0%
大豆调和油	元 /5 升	一级桶装 金龙鱼 浸出	67.90	67.90	0.0%
大豆油	元 /5 升	一级桶装 当地主销	53.70	53.70	0.0%
猪肉后座	元 /500 克	新鲜去骨	14.50	14.50	0.0%
牛肉	元 /500 克	新鲜去骨	27.00	27.00	0.0%
羊肉	元 /500 克	新鲜去骨	32.00	32.00	0.0%
带鱼	元 /500 克	冻 中等 250 克以上一条	15.00	15.00	0.0%
鲤鱼	元 /500 克	鲜活 中等 500 克以上一条	6.00	6.00	0.0%
白条鸡	元 /500 克	新鲜上等开膛	6.50	6.50	0.0%
鸡蛋	元 /500 克	新鲜完整	5.00	5.00	0.0%
鲜牛奶	元 /250 克	蒙牛利乐枕袋装	2.30	2.30	0.0%
大白菜	元 /500 克	新鲜一级	1.20	1.20	0.0%
洋白菜	元 /500 克	新鲜一级	1.20	1.20	0.0%
韭菜	元 /500 克	新鲜一级	2.00	1.80	11.1%
青椒	元 /500 克	新鲜一级	2.50	2.50	0.0%
黄瓜	元 /500 克	新鲜一级	2.50	2.50	0.0%
西红柿	元 /500 克	新鲜一级	3.00	2.80	7.1%
茄子	元 /500 克	新鲜一级	2.00	2.00	0.0%
芹菜	元 /500 克	新鲜一级	1.80	1.80	0.0%
菠菜	元 /500 克	新鲜一级	3.50	3.50	0.0%

续表

商品名称	单位	规格	9 月 18 日	9 月 17 日	环比
土豆	元 /500 克	新鲜一级	1.60	1.60	0.0%
豆角	元 /500 克	新鲜一级	3.50	3.50	0.0%
蒜薹	元 /500 克	新鲜一级	4.00	4.00	0.0%
菜花	元 /500 克	新鲜一级	3.00	3.00	0.0%
西葫芦	元 /500 克	新鲜一级	2.20	2.00	10.0%
白萝卜	元 /500 克	新鲜一级	1.30	1.30	0.0%
冬瓜	元 /500 克	新鲜一级	0.80	0.70	14.3%

石家庄物价部门选取 30 种生活农副产品作为监测目标，我们可以进一步从中选取几个指标作为重点监测目标：面粉、粳米、大豆油、猪肉后座、鸡蛋，选取的标准是该类产品对宏观经济运行的影响力较大。

表 6–10　产品价格预警响应表

商品名称	单位	规格	9 月 18 日	9 月 17 日	环比	预警范围（环比值）
面粉	元 /500 克	特一	2.10	2.10	0.0%	< –5% & > 5%
粳米	元 /500 克	标一	3.00	3.00	0.0%	< –6% & > 6%
精制玉米面	元 /500 克	一等	1.90	1.90	0.0%	< –8% & > 8%
花生油	元 /5 升	一级桶装 鲁花牌 压榨	129.90	129.90	0.0%	< –7% & > 7%

以猪肉价格为例，根据猪肉价格变动特点（以 0.5 元 /500 克为级数），设置价格运行区间（元 /500 克）：13.0~14.5 为平稳运行区间；12.5~13.0、14.5~15 为一级预警区间；12.0~12.5、15.0~16.0 为二级预警区间；< 12.0、> 16.0 为三级预警区间。

表 6–11　产品价格变动分级预警响应表

商品名称	单位	规格	9 月 18 日	预警范围（环比值）
猪肉后座	元 /500 克	新鲜去骨	14.50	< 13.0 & > 14.5
面粉	元 /500 克	特一	2.10	< –5% & > 5%
粳米	元 /500 克	标一	3.00	< –6% & > 6%

续表

商品名称	单位	规格	9 月 18 日	预警范围（环比值）
精制玉米面	元 /500 克	一等	1.90	< -8% & > 8%
花生油	元 /5 升	一级桶装 鲁花牌 压榨	129.90	< -7% & > 7%

价格检测机构过多。当前，对价格实施监测的官方机构有几家。价格监测中心，隶属于国家发展和改革委员会，到省级以下称物价局，价格监测是其职责的一部分。统计局是经济信息统计的专门机关，也统计价格信息。经信委、商务局、农委选择各自主管行业产品的价格以监测，可谓群龙治水。

另一面，导致数据质量差。

因此，应建立全国的价格监测网，这是宏观经济管理的一项基础工作。全国各地监测数值汇总，对区域、对全国区别对待。价格指标监测可由物价部门来实施。要有选择地实行重点监测、专项监测，做到检测中有重点。

价格监测是宏观调控的基础数据，务求真实，并且具有系统性，向社会公众提供服务。

6.2.3.2 产量（产能）监测

根据行业产品产量规划，作为经济运行的宏观管理者，应当掌握各行业产量。各行业产品产量数据的公开，有利于相关微观经济体对下一步经济行为作出预测。

表 6-12　钢铁产量产能月度监测表

序号	期间	产量		产能		产量 / 产能	产量 / 产能预警值 < 90% & > 110%
		（吨）	环比	（吨）	环比		
	…						
	一月份						—
	二月份						—
	三月份						预警
	四月份						—
	…						

续表

序号	期间	产量		产能		产量 / 产能	产量 / 产能预警值
		（吨）	环比	（吨）	环比		< 90% & > 110%

6.2.3.3 利润（率）监测

调控的预期效果（目标）即经济调控的目的，是预见性地把各行业利润率控制在可接受的范围内。在某行业的利润出现显著变化时，对该行业予以深度调查，查明原因，视情况采取措施，避免该行业非理性地发展，造成该行业的大起大落，导致宏观经济的剧烈震荡。

案例 6–3　2013 年 1~6 月全国国有及国有控股企业经济运行情况

2013 年 1~6 月，纳入本月报统计范围的全国国有及国有控股企业（本文所称全国国有及国有控股企业，包括中央企业和 36 个省（自治区、直辖市、计划单列市）国有及国有控股企业。中央企业包括：中央部门所属的国有及国有控股企业及 115 户中央管理企业。以上均不含国有金融类企业）（以下简称国有企业）主要经济指标继续保持增长，但地方国有企业实现利润持续下降。

（一）营业总收入。1~6 月，国有企业累计实现营业总收入 219504.9 亿元，同比增长 10.7%。（1）中央企业（包括中央管理企业和部门所属企业，下同）135028.6 亿元，同比增长 9.5%。（2）地方国有企业 84476.3 亿元，同比增长 12.6%。

（二）营业总成本。1~6 月，国有企业累计发生营业总成本 211722.2 亿元，同比增长 11.2%，其中销售费用、管理费用和财务费用分别同比增长 11.5%、6.5% 和 7.2%。（1）中央企业 128675.6 亿元，同比增长 9.5%，其中销售费用、管理费用和财务费用分别同比增长 11.7%、6.8% 和 2.8%。

（2）地方国有企业83046.6亿元，同比增长14%，其中销售费用、管理费用和财务费用分别同比增长11.2%、6%和12.3%。

（三）实现利润。1~6月，国有企业累计实现利润总额11129.6亿元，同比增长7%。（1）中央企业8057.1亿元，同比增长15.6%。（2）地方国有企业3072.5亿元，同比下降10.6%。

（四）应交税费。1~6月，国有企业应交税费17975.4亿元，同比增长6.4%。（1）中央企业13827亿元，同比增长7.8%。（2）地方国有企业4148.4亿元，同比增长2.2%。

（五）资产、负债和所有者权益。1~6月，国有企业资产累计852581.8亿元，同比增长13.1%；负债累计553893.3亿元，同比增长14%。所有者权益合计298688.5亿元，同比增长11.5%。（1）中央企业资产累计457164.6亿元，同比增长10.1%；负债累计299270.2亿元，同比增长10.9%；所有者权益为157894.5亿元，同比增长8.8%。（2）地方国有企业资产累计395417.2亿元，同比增长16.7%；负债累计254623.1亿元，同比增长17.9%；所有者权益为140794亿元，同比增长14.8%。

（六）1~6月，实现利润同比增幅较大的行业为电力行业、电子行业、石化行业、施工房地产行业等。实现利润同比降幅较大的行业为有色行业、煤炭行业、化工行业、交通行业等。

我们可以根据需要，制定某行业利润月度检测表，如钢铁行业利润月度检测表，见表6–13。

表6–13　钢铁行业利润月度监测表

	期间	利润	同比	环比	环比预警值 ＜85% & ＞110%
	…				
	一月份				
	二月份				
	三月份				

续表

	期间	利润	同比	环比	环比预警值 < 85% & > 110%
	四月份				
	…				

6.2.3.4 税务部门参与监测工作

在对企业的管理上，税务部门有权查看企业账簿，有权了解企业的生产流程，可以实地查看，并且，这些都是日常权力。其他部门，都没有这么大的权力。因此，税务部门在对企业经营信息采集方面，可以发挥独特而重要的作用。

其次，全国税务系统从业人员数量近 90 万人，是一支庞大的队伍，可资利用。特别是 2018 年，国税、地税部门合并后，理应能够腾出一些人手。如果税务部门参与经济运行指标监测，是可以胜任的。

因此，税务部门参与监测工作，可以取得高质量的数据。

6.3 亚宏观调控措施

根据前面研究成果，我们在此提出 2 个主要的亚宏观调控措施：税收措施、财政可调整支出措施。3 个辅助措施：行业差异信贷政策、居民收入政策、国际贸易政策。一般分类方法，把税收措施归入财政政策，税收属于财政收入。我们研究发现，税收与财政支出在调控经济方面存在巨大差异，而且，税收的调控作用重大，因此，税收措施单列叙述。

6.3.1 亚宏观调控措施制定

出台调控措施，应当符合这样几个条件：

一是及时性，即出手及时足够快。因为，当危机爆发时，情况快速变化，需要及时应对。如果决策走议院程序，时间较长，容易错过政策介入的最佳时机。因此，走行政决策程序，速度快，效果较好。2008 年金融危机，中国、美国之间，不同的决策程序，其效果之差距是显而易见的。

二是拟定经济政策时，应当予以测算。当增加财政支出时，投向不同类型的项目，对各行业产生的影响是不同的。下面以三个实例来说明这个问题。第一个，安徽省某段高速公路，双向四车道，某一标段 7.9 公里，总造价 3.96 亿元。第二个，安徽某房建工程，地下一层，地上六层，建筑面积 3.18 万平方米，工程造价 6750 万元。第三个，绿化工程，总造价 228 万元。我们看看这三个工程对：水泥、钢材、沥青、人工、树苗，等大宗产品产生的需求量。为了便于比较，我们把这三个工程折算出每 1000 万元所产生的需求量，如表 6–14 所示。

从表 6–14 可以看出，每 1000 万元投入，房建工程产生的水泥需求量最大，为 2350 吨，是高速公路工程的 3.9 倍，而绿化工程几乎不需要水泥。而且，绿化工程几乎不需要钢材、沥青。房建工程所产生的需求量，略大于高速公路工程的。高速公路工程需要沥青 100 吨，而房建工程几乎不需要。这三类工程都需要大量的人工，尤其以绿化工程最高，分别约为高速公路工程、房建工程的 2 倍。这三个工程都需要树苗绿化，但是，高速公路工程与房建工程的需求量，相较很小，而绿化工程需求量很大，高达 325 万。

表 6–14　不同类型项目所产生需求量比较

		水泥	钢材	沥青	人工	树苗
高速公路工程	数量（吨，人工）	610	210	100	9820	
	单价（元 / 吨，元 / 人工）	550	4800	3200	153	
	金额（万元）	34	101	32	150	

续表

		水泥	钢材	沥青	人工	树苗
房建工程	数量（吨，人工）	2350	280	0	24400	
	单价（元 / 吨，元 / 人工）	550	4800		154	
	金额（万元）	129	134		38	
绿化工程	数量（吨，人工）				17600	
	单价（元 / 吨，元 / 人工）				129	
	金额（万元）				227	325

因此，在制定政策时，投资哪些项目，要进行实物测算，看看这些项目，对若干种产品分别会产生多大的需求。在实践中，每一个项目在设计时，都要做工程预算，计算出各种材料、人工等用量多大。尽管在具体施工时，有时会变更设计，但设计的大数是稳定的，因此，测算时预算数是足以为据的。测算数据与产能对比，从而掌握某一工程对行业运行状况产生哪些影响。

类似地，在制定减税和加税措施时，也应当就该措施对各相关行业产品的需求变化进行测算。在外贸环境变化时，也要测算外贸变化对国内各行业的影响。在制定应对措施时，同样应当就该措施对各相关行业产品的需求变化进行测算。

经济宏观运行，表现为经济事件推动宏观经济从一个常态演进到下一个常态。一个经济事件对经济状态的推动作用，有些是正向的，即推动经济向更优状态转变；有些是负向的，即推动经济向劣质状态转变。一般来说，管理者对本国经济采取措施，对本国经济运行状态的推动作用是正向的；而市场发生的经济事件，对经济运行的推动作用是不确定的，正向的多于负向的，但负向的，更容易引起管理者与全民的关注；紧急经济事件，一般都是负向的。

亚宏观措施介入环境。各国经济总是在连续不断的持续运行中，其运行状态如何，是调控措施介入的环境，是介入哪些措施组合及力度的决定因素。

亚宏观措施制定步骤。第一步，掌握经济运行状态，认定是否存在问题及存在什么问题。第二步，订立调控目标，解决哪些问题，经济运行达到何种状态。第三步，拟定调控措施，包括介入的时间、力度，涉及部门及人员。第四步，预先测算调控措施产生的效果，以及会产生哪些负效果。如家电下乡，不单是帮助企业促销，还要测算造成的多面影响。第五步，确定调控措施。第六步，实施调控措施，指挥、协调实施。第七步，过程监控，及时反馈。发现问题及时解决。重大变化，调整部署。第八步，实施完毕，对照目标查验效果，发现问题分析原因，总结经验提高认识。

在上述八个步骤中，突出的是第四步测算，这是亚宏观措施中的方法。例如家电下乡政策，在哪些省域实施，会增加销售产品多少台。对于测算比较困难或测算成本过高且不急迫的，可以分步实施或逐步推开，边实施边观测。

综上可以看出，亚宏观理念要求宏观经济管理者必须做出更加深入、细致的工作，对具体的产品－产业进行系统的调研，长期监测，规划与预测，对潜在的异常情况制定具体的应对方案。对此叫做亚宏观管理措施，强调了比现行的宏观政策更加深入。

一是各种调控措施组合使用。二是预测调控措施对各行业总量的影响。三是立足实践，积极创新调控措施。

6.3.2 税收调控措施

税收是由政府专门机构向居民、非居民强制课征金钱或实物，税收具有无偿性、强制性和固定性。税收是国家最主要的一种财政收入形式。国家取得财政收入的手段有多种多样，如税收、发行货币（铸币税）、发行国债、收费、罚没等等，但是，税收收入所占比重最大。

一般来说，税收有6要素，包括：纳税主体、征税客体、计税依据、税目、税率、减免税。纳税主体，即由谁缴纳税款。征税客体，即对什么产品或行为征税。

税收调控政策本身具有示范和引导效应，政府采取增税措施来实施调控，表明政府在总量上欲实行紧缩政策，或在结构上实施限制性政策，从而引导企业和居民的投资和消费行为。

对于经营者或企业来说，唯一目的就是实现利润且最大化，企业的一切活动都是围绕增加收入减少支出展开的。根据企业核算的原理，得出等式①：利润 = 收入 – 支出，支出中包含所得税、契税、印花税等多种税收。增值税在税收理论上，是价外税，不属于企业支出，但是，在经营者的心里，和其他税种一样，是企业负担，因此，在这里计入支出中。

为了突出说明税收对利润的影响，我们把税收部分从支出项中拿出来，单列为一项，因而，原支出项分为税负和（非税）支出两部分。据此，上述等式①转为等式②：利润 + 税负 = 收入 –（非税）支出。如果等式的右端差额数值一定，那么，左端的两项就是此消彼长的关系。因此，税收政策对投资与经营能取得直接的效果。

税收变化，会影响投资、生产、消费、需求等方面。对税收加重的行业，投资就会减少；对税收减轻的行业，投资就会增加，这是显而易见的。理论上说，在产品销售价格与成本的差，越小则利润越少。当该差小于或等于 0 时，经营者无利可图，就会停止生产。

6.3.2.1　税收措施调节经济运行的优点

首先，税收措施直达“病灶”，作用准确。税制要素主要包括纳税人、课税客体、税基、税率等项。纳税人是“纳税义务人”的简称，也叫“纳税主体”直接富有纳税对象的单位和个人，表明国家直接向谁征税或谁直接向国家纳税，包括自然人和法人两大类。这说明，国家要扶持或抑制某个行业发展，通过纳税人改变可以直接作用到本行业。

其次，见效快。通过税制要素的调整，可以直达行业主体。例如，2007 年中国取消农业税，农业增收亿元，对农业的促进作用立竿见影。

再次，力度精确。通过税基、税率的调整，可以精确地把握加税或减税的力度，从而提高调控经济的精准度。例如

最后，税务部门能执行到位。税务部门的日常税收管理，深入到企业内部。企业生产什么、生产多少、销售多少、库存多少、中间产品、生产流程、技术工艺、生产成本等等，方方面面，税务部门通过企业账册，与实地查验方法，实时掌握这些情况，并且清清楚楚。税务部门的职能就是执行税法，税收调整政策是常见的。因此，税务部门能够落实到位。由此可见，税务部门可以适当多地执行经济调节任务。鉴于以上优点，税收可以成为理想的行业调控手段。在一定程序制约下，扩大税收调控经济的范围、力度、灵活性。有限增大税收弹性，只要符合宏观经济的利益、整体利益、国家利益，就可以运用税收弹性。

税收具有严肃性，美国的税收改变，必须国会批准；中国的税收改变，需要全国人大批准，或人大授权国务院操作。由于税收的严肃性，税收政策的运用应当予以程序性限制。首先，根据中国的政策环境，国务院出台的税收政策，时间长度不应超过 1 年。其次，保证税收基本面稳定，即 90% 的行业、90% 的企业，其税收负担不变。

6.3.2.2 创新税收调节措施

为了精准地调控经济，我们要精准地设计税收措施，或者创新税收措施。首先找出问题所在的环节，据此确定征收环节。

一是开征新税种。1991 年开征的固定资产投资方向调节税，于 2012 年底作废。停征某税种，其税收意义等同于开征新税种，但作用相反。开征新税种的优点，是范围广泛，选“点”灵活。不足是，程序要求较为严格。类似的，可以调整税目，如消费税，过几年就要调整一次税目。

二是产品分时段差别税收。为了加速某行业的淘汰，可以对该

行业产品逐年加重税收。

三是投资分时段差别税收。不同时段投资形成的产能，其产品实行差别税收。新增产能的产品，其税负不同于原有产能。例如，当前某行业出现投资过热时，可以对新增产能的产品课以重税，以此抑制投资过热。这样的好处是，对原有产能不产生税收影响。

四是不同区域差异税收。为了促进某规划经济区域的发展，例如雄安新区，可以对该区域实行税收优惠。

五是生产技术不同差别税收。国家要推进一项新技术，可以对应用该技术生产的产品减税。如新能源汽车。三新技术产品。

对于突然暴涨的行业，即需求突然放大，因而投资、产量都迅速扩大，出现产销两旺情况，应当通过加重税收手段，做到两点：一是控制该行业规模，不要出现盲目扩大，即规模扩大速度受到调控而适宜，避免出现产能超前扩大，严重过剩而冲击宏观经济。不要一哄而上，因多而变“臭”，而后随之因多而“亡”。二是通过税收分享其超额利润，增大财政调控手段的筹码。

在制定税收调控措施时，可以设计成几个税收措施的组合，以平衡单一税收政策的副影响，增强调节力度的精确性和调节点的精准性。

案例 6–4　铁本事件

1996 年，戴国芳注册成立江苏铁本铸钢有限公司，注册资本 200 万元。到 2000 年前后，铁本的厂区面积扩大到 18 公顷，拥有 1000 多名工人，销售收入超过 1 亿元。为了让铁本大发展，戴国芳决定倾家荡产上高炉项目。3 年后，铁本的高炉项目建成，戴国芳当着数千工人，面对高炉长跪不起，泪水与汗水交混而下。这一年是铁本的腾飞之年，全年的钢产量猛增到 100 万吨，销售收入超过 25 亿元。在当年度的《新财富》“中国 400 富人榜”上，他名列第 376 位，估算资产为 2.2 亿元。

2001 年之后，随着宏观经济的持续高速成长，各种能源全面紧缺，其中钢铁和电力是最最紧俏的两大物资。在钢铁市场上，价格普遍持续上涨，几乎到了“一天一价”的地步。铁本厂的门口，来自全国各地的大卡车每天排成长龙，等候提货。按戴国芳的估算，中国的这股钢铁热起码还可以延续5年到6年，这应该是钢铁人一生难遇的大行情。大型国有钢铁公司纷纷宣布投入巨额资金开建新项目，地方的中小型钢铁工厂更是如雨后春笋般地冒了出来。

2001年前后，铁本已经是常州市的一个大企业，上缴利税排名全市第二，戴国芳的设想一提出来，当即获得了市政府的响应。谁都知道，钢铁是一个大投入、大产出的产业，铁本的梦想一下子变成了常州市政府的梦想。

2002年5月，他提出的规划是建一个比现有产能大1倍多一点的新厂，它的主体建设是两座高炉和一个14米深的深水码头，占地2000亩，年产260万吨的宽厚板，总投资额为10亿元左右，主要以自有资金滚动投入。然而，在有关人士的热情推动下，铁本项目一改再改，日渐膨胀。在短短的6个月里，项目规模从一开始的200多万吨级，加码到400万吨级、600万吨级，最后被定在840万吨级，规模占地从2000亩攀升到9379亩，工程概算为天文数字般的106亿元，产品定位为船用板和螺纹钢等较高档次产品。840万吨的规模，已足以让铁本跻身中国最大的钢铁公司的行列，当时全国超过1000万吨的钢铁厂只有宝钢和唐钢两家而已。

2002年前后，全国的炼钢企业从20世纪80年代的114家增加到260多家，平均规模不足年产70万吨，其中200余家的平均规模还不到年产10万吨/年，“散、乱、小”的问题非常突出。2002年，全国钢铁行业的投资总额为710亿元，比上年增长45.9%。2003年，这个数字达到1329亿元，投资同比增长96%。与钢铁行业类似的是，电解铝的投资增长92.9%，水泥投资增长121.9%。宏观投资过热，渐成决策层的共识。

2003年底，宏观调控的大闸终于拉下。12月23日，国务院办公厅下发〔2003〕103 号文，即《国务院办公厅转发发展改革委等部门关于制止钢铁电解铝水泥行业盲目投资若干意见的通知》，要求各地运用多种手段，迅速遏制盲目投资、低水平重复建设的势头。

2004 年 1 月，发文《国务院办公厅关于开展贯彻落实中央经济工作会议精神情况专项检查的通知》。2 月 4 日，国务院专门举行关于严格控制部分行业过度投资的电视电话会议，明确要求对钢铁、电解铝、水泥三大行业进行清理检查。

清查重点便是那些进入三大行业、“盲目投资”的民营企业。在宏观调控的背景下，铁本问题很快从毁田占地变成违规建设。

处在事件漩涡中的戴国芳开始变得焦躁不安。根据他的预算，到 5 月底，钢厂的第一只高炉就可建成，马上可以投入生产，到那时“生米就煮成熟饭”。

自上年 12 月国务院通知下达后，各地的重化工业项目投资并没有降温的趋势。根据国家统计局的数据，全国第一季度的固定资产投资同比仍然增长了 43%，创下 20 世纪 90 年代中期以来的最高增长率，其中钢铁行业的投资增幅更是高达骇人的 107%。

3 月 20 日，遭到巨大压力的常州市组成了铁本项目清理工作领导小组，紧急下达停工令。

3 月底，国务院领导抵达江苏，常州市委书记、市长被召去汇报铁本项目及其所引发的问题。4 月初，一个由九部委组成的专项检查组赶赴常州，对铁本项目进行全面检查。

4 月 19 日，戴国芳和他的妻子、岳父等 10 人被警方带走，原因是“涉嫌偷税漏税，且数目可能很巨大”。

4 月 28 日，九部委在国务院常务会议上向温家宝总理汇报查处情况，其定性为：“这是一起典型的地方政府及有关部门严重失职违规、企业涉嫌违法犯罪的重大案件。”第二天，新华社向全国播发通稿，列举了联合调查组认定的铁本五大问题：

1. 当地政府及有关部门严重违反国家有关法律法规，越权分

22次将投资高达105.9亿元的项目分拆审批；

2. 违规审批征用土地6541亩，违规组织实施征地拆迁；

3. 铁本公司通过提供虚假财务报表骗取银行信用和贷款，挪用银行流动资金贷款20多亿元用于固定资产投资；

4. 有关金融机构严重违反国家固定资产贷款审贷和现金管理规定；

5. 铁本公司大量偷税漏税。

在铁本事件发生的同时，宝钢与当时世界最大的钢铁公司阿塞勒、第二大公司新日本制铁三方合资，开建1800毫米冷轧工程，此外，还与澳大利亚哈默斯利公司签署每年购买700万吨铁矿石的长期订购协议。公司总裁兼董事长谢企华宣布，宝钢打算在2010年前斥资500亿元到600亿元，将产量从2000万吨扩大到3000万吨，增加50%的产能。

随即，中国第四大钢铁企业武汉钢铁集团表示，武钢的几个大规模项目，已经通过国家发改委审批，总投资将超过200亿元。其他的国有大型钢铁企业也纷纷启动新项目：本溪钢铁集团与浦项合作，启动了冷轧板项目；鞍山钢铁集团与欧洲第二大钢铁公司德国蒂森克虏伯共同投资1.8亿美元，建设年产40万吨的热镀锌板项目；唐山钢铁集团、马鞍山钢铁集团则与世界最大的矿产资源企业必何必拓公司分别签署300万吨铁矿石的订购协议。

跨国钢铁公司在中国的投资步伐。就在戴国芳被拘押3天后，在距常州105公里的苏州工业园区，澳大利亚博思格钢铁公司投资2.8亿澳元（约17亿元人民币）的钢铁项目举办热热闹闹的奠基仪式。公司总裁毛思民说："一切顺利得出乎意料，不到1个月我们就拿到了营业执照。"苏州工业园区则透露，博思格的项目从递交申请材料到颁发营业执照，前后只用了7个工作日。

从全年度的行业数据来看，在铁本被严处之后的几个月里，全国的钢铁产量似乎受到短暂控制。可是从6月起就逐月加速回升，7月开始日产水平连创历史纪录，至10月突破日产80万吨，达到 80.44 万吨。前 10 个月，全国累计生产钢材 2.72 亿吨，比上年同期增长 24.12%。2005 年，全国生产钢材 3.71 亿吨，同比增长 24.1%。在 2004 年，全国只有两家钢铁厂的钢材产量超过 1000 万吨，而到 2005 年则猛增到 8 家，其中除了沙钢，均为国有大型企业。

从现有资料看，行政手段及司法部门介入，处理铁本公司问题，给铁本公司、常州市经济财政、市场预期、宏观效率等，均带来冲击。

从案例中可以看出，当时钢铁生产行业主要存在两大问题：投资过热与“小炼钢”比例过大。针对这两个问题，我们可以设定税收调控措施。

一是对新增产量加重税收。以 2003 年企业向税务部门申报的销量为标准，超出的部分按加重税率征收。税率加重多少，根据当时情况与预期确定。

二是规定起步产量标准，对达不到这一标准的，加重税收；也可以制定税收“起步价”，比如按年产 30 万吨设立起步价。至于税收加重的力度，和起步价的高度，以影响少数企业，不对宏观经济造成负面影响为准。上述两类政策，可以在 2003 年 12 月出台，从 2005 年开始执行。

通过预期税收的办法，促进钢铁生产行业平稳发展，保护有竞争力的企业，驱赶小炼钢企业兼并重组，保障本行业软着陆。

近几年，中国经常采取减税措施，这是为了应对经济下行风险。首先，减税有利于缓解企业困难，保护企业生存。其次，减税有利于保护就业。再次，减税有利于吸引外资，积极应对国际经济博弈。但是，面对市场疲软，减税难以刺激、显著扩大投资。要想达到预期的减税效果：首先，减税的同时不减少财政支出。因为，减税会减少财政收入，因而，若要维持原有的财政支出规模，势必要实施赤字财政。经济疲软，市场需求不足，企业库存增加或产能闲置。其次，扩大最终消费，才是解决经济下行的根本途径。

6.3.3 财政支出措施

在财政支出中，我们根据其缓急程度，可以分为两类：第一类，基本保障性支出，即为保证财政供养的机构正常运转、人员正常生活的支出。主要包括人员工资及福利、办公经费、水电油费、装备正常使用、房屋修缮、养老金、救济金等支出。第二类，改善升级的支出，即可暂缓的支出。包括新建办公楼，升级换代办公设施、公立学校教学设备，绿化工程建设，公共基础建设等。基本保障性支出，是刚性支出，没有压缩调整空间。可暂缓的支出则相反，由于没有时间上的紧迫性，可以改变支出项目，如把拟修高铁的钱，调整用于造军舰也是可以的，因此，也叫可调整性支出。如果财政压力更大时，甚至可以把提高财政供养人员的工资及福利，提高养老金、救济金，延迟兑现。

有了可调整性支出，就握有了财政调控经济的主动权。在做预算时，通过对各类支出项目产生需求的分析，结合各行业经营情况，确定具体的支出科目。当水泥行业产能闲置时，适当多投资基础建设工程；当就业压力增大时，多投资园林绿化工程等，如近年来的美好乡村建设工程。

案例 6–5　S 市的财政资金影响经济

S 市，地处安徽省北部平原地区，人口 650 万，面积 1 万平方公里，2018 年 GDP1630 亿元，三次产业结构比例为 15.6：36.8：47.6。按投资率 40% 推算，本市投资规模为：1630 亿元 *40%=652 亿元。2018 年全市一般公共预算支出合计 461 亿，市级（包括市本级和经济技术开发区、现代产业园区、高新技术开发区、现代制鞋产业城，下同）一般公共预算支出支出合计 120.89 亿元。

2018 年度，全市公共资源交易平台完成项目 4057 个，交易金额 580.62 亿元。包括：工程建设、政府采购、产权交易、土地交易，合计四类。前两类是政府财政资金支出，后两类是财政收入。其中，成交工程建设项目 1846 个（发放《中标（成交）通知书》项目），占 4057 个的 45.50%，成交价 375.07 亿元，占总交易金额的 64.60%。

S 市 2018 年公共资源交易平台工程建设类项目成交情况表

分类	金额	占比（%）	项目个数
工程建设	375.07	100	1846
房建	205.96	54.91	581
公路	61.61	16.43	316
市政	56.15	14.97	512
水利	10.9	2.91	245
水运	0.09	0.024	4
能源	0.06	0.016	2
其他	46.32	12.35	196
另外绿化	2.99	0.797	83

按照有关规定，工程建设项目金额在 400 万元以上的，必须在公共资源交易平台招标。从另一端看，还有一些金额小于 400 万元的工程项目没有经过公共资源交易平台，这些小项目没有统计在 375.07 亿元之内，即实际政府支出的工程项目总额大于 375.07 亿元。

财政资金支出，对经济运行拥有巨大的拉动力与引导力。首先，工程建设金额与投资规模相比：375.07 / 652=57.53%，可见，财政资金对经济拉动的力度。第二，财政资金的支出，在各行业间的分布不是均衡的，因此，表现出明显的行业方向。2018 年，S 市参加城市文明创建活动，在市政工程方面，成交 56.15 亿元。最明显的是广告业。为了统一商铺的门头，S 市的多条街道都由财政出资，统一更换了门头。另外，增添、更换了许多道路的指示牌。这些突然放大了对广告业的需求，促进了广告业的发展。第三，财政资金主体是政府，是一元主体，具有主动调配资金的强大力度。

通过对S市财政支出对经济影响的分析，可以推算出中央政府利用财政支出，调控经济发展的力量是巨大的。

6.3.4 国际贸易及博弈

对于一国经济来说，外国经济就是本国经济的市场，进口所需，出口所余。国际贸易的意义，首先是平衡国内市场，这是最基本的。其次，国际贸易是提高本国经济效率的途径。最后是奠定本国在国际上地位的基础。

但是，国际贸易可能给本国经济带来的负面影响。一是由于参与国际分工，外国的经济危机可能传导进来，破坏国内的经济平衡，或者是加剧不平衡。二是外国的供给或需求，不受国内控制，可能导致国内的需求或供给不安全。三是在国际利益博弈中，可能会损失本国利益。

如何趋利避害？中国作为大国，既要有较为稳定的贸易政策，也要有灵活的个案处理。

6.3.5 居民收入政策

在提高居民收入时，也要做亚宏观分析。不同的群体、不同的涨幅、不同的收入基础，其消费倾向是不同的。给公务员涨工资，与提高农民收入二者相比，前者更多地去旅游，后者会建房或购买家用轿车。

6.3.6 行政处置

当宏观经济运行中出现波动情况或可能导致波动情况发生时，管理者会首先选用财政、金融等经济措施予以调控，这是绝大多数情况。但是，还有一些经济问题，不使用行政手段不足以阻止事态恶化发展，势必会产生更大的损害。这时，管理者会采取行政手段，结合经济措施，辅以其他一切可以调动的手段，构成一套“组合拳”，予以控制。行政手段包括：行政指导引导、行政协调、行政命令、行政强制等措施。行政处置分为两类：紧急处置与协调处置。

经济事件。经济事件是宏观管理者认定的，已经导致经济运行状态显著改变的，或者是将要导致经济运行状态显著改变的事件。经济事件偏离宏观管理者期望，进而超出其可接受范围，宏观管理者会对经济事件予以关注，进而采取措施。经济事件的发生、发展，有的是显著的，如三峡工程开始供电、非典瘟疫、金融危机、战争。有的是悄悄的，如网购导致门面房需求减弱，价格上涨与需求量增长都非常缓慢。有的是和缓的，如电子表钟逐步取代机械表钟，手机代替电子表。有的是骤变的，如汶川地震、抢购食盐等，超出预判，突然发生，爆炸式发展，管理者被动仓促应对。以后如无特别说明，都是指骤变的一类。所谓骤变，是指相关的经济指标在短时间内发生显著变化，以至于市场主体（生产者、消费者）来不及调整，导致损失、痛苦。

广义地说，国家的经济政策也可以算作经济事件，因为，它改变了经济运行状态。如国家出台房地产政策、国家基建决策，都会对水泥行业产生显著影响，继而影响宏观经济运行状态。宏观管理者作出认定经济事件后，宏观管理者根据响应的级别，制定、落实应对措施。

6.3.6.1 行政应急处置

在经济运行中会出现骤变情况，事出突然，发展迅猛，严重扰乱经济秩序。对此类情况，我们称之为紧急经济事件。如果对此类问题，仅仅采取经济措施，难以产生上善效果。因此，对于紧急经济事件，我们应当以行政手段为主，结合经济措施，予以紧急控制。

案例 6-6　抢购食盐

2011 年 3 月 16 日，浙江、广东、江苏等地先后出现食盐抢购潮，到晚上10时，个别地方食盐价格已经飙升到10多元一包，而政府规定的普通食盐零售价为1.3元一包。抢购潮从沿海向内陆迅速蔓延，态势愈演愈烈。有人整箱整箱地购买，甚至两箱几箱地购买；亲友们之间关心地打电话，询问着购买储备食盐的情况；抢购食盐成了大家的话题，走在大街上也能听到路人在电话里谈论这一话题。各地商家食盐告罄，政府出面引导。盐业公司出来说话，称保证食盐供应。疾控中心告诉大家，加碘食盐没有防辐射的作用。随后，风潮逐渐平息。

案例 6–7 “蒜你狠”

2009年，全国大蒜零售价格从新蒜上市时每斤几角钱，一路上涨，至2010年7月26日，南京大蒜市场价格上涨超过每斤10元，部分超市甚至卖出每斤12元的高价，比当时的优质五花肉还贵。11月28日，在“淘宝网”上，一个山东苍山“大蒜头”叫价7元。在大蒜价格上涨过程中，很多游资进入市场，收购囤积大蒜，拉抬价格，被称为“炒蒜团”，更加推动大蒜价格离奇上涨。2009年中，山东省金乡县鱼山镇五名装卸工人见到大蒜便宜，合伙买入七百多吨大蒜，当时价格为每公斤0.24元，2010年8月以每公斤5.6元出货，毛利率20多倍。网友们借鉴陈小春《算你狠》歌词，调侃出“算你狠”一词，一时间风行网络。

2010年2、3季度，土豆、大蒜、绿豆轮番涨价。大土豆价钱追赶一斤鸡蛋的价格、大蒜价格贵过猪肉、其他品种的蔬菜也有提价。2010年，绿豆价格从以往的每斤两三元，飙涨超过10元，部分地区甚至涨至14元，让市民的夏季消暑成本大幅提高。在涨价最盛之时，国家发改委公布的2010年10月份城市食品零售价格监测的31种产品中，近八成价格上涨。游资转战农产品市场，五谷杂粮因此而一夜摇身变成投资品。

2010年1~11月，全国各级价格主管部门共查处价格违法案件3.8万件，退还消费者3.1亿元，没收违法所得8.3亿元，罚款1.1

亿元，有力打击了各种价格违法行为。2010 年 3 月 30 日，南宁部分米粉生产厂家串通涨价受到查处；7 月 1 日，通报一批绿豆、大蒜串通涨价企业囤积哄抬农产品价格违法案件查处情况。

2010 年 11 月 20 日国务院正式发布《关于稳定消费价格总水平保障群众基本生活的通知》，出台遏制物价上涨、稳定物价政策，共 16 项具体措施。涨价期间，国家发改委有关部门向国内食用油企业“打招呼”，要求中粮集团、益海嘉里、中纺集团、九三集团等四家企业要响应号召，稳定产品供应，保证市场价格稳定，近期不允许涨价，且期限为 4 个月。食用油涨价潮被国家行政手段抑制，效果明显。

案例 6–8　汶川大地震

2008 年 5 月 12 日，中国川甘地区发生重大地震灾害。次日，国家发改委下发紧急通知，要求加强灾区价格监管，依法从严从快办理价格举报案件，加强“12358”价格举报电话值守。灾区各级物价执法部门已查处多起价格违法行为，并适时启动临时价格干预措施。根据这一部署，四川、甘肃针对灾区部分食品、饮用水、交通运价上涨明显，紧急启动了临时价格干预措施，授权各灾区市、州人民政府对食品、饮用水、交通运价、救灾物资等实施限定差价率或者利润率、规定限价、实行提价申报制度和调价备案制度等临时价格干预措施。对矿泉水、纯净水、饼干、面包、方便面、盒饭、纯牛奶、液化气、蜂窝煤和蜡烛、手电筒、电池、蓬布、口罩、消毒液以及大米、面粉、猪肉、鸡蛋、植物油、交通运输价格等实行临时价格干预措施；阿坝州批准马尔康县对大米、面粉、鲜肉、鸡蛋、饼干、瓶装水以及药品、液化气等实行临时价格干预；广元市对瓶装饮用水、方便面、鲜猪肉、米凉粉、公路货运价格实行临时最高限价管理。要求生产经营者销售价格不得高于 2008 年 5 月 11 日的价格水平；对因成本上升需要提价的，实行提价申报制度，须经物价部门同意。并组织开展了公路客运价格检查，对违规涨价行为进行处罚。

在实行价格干预的同时，灾区价格执法也在进行中。四川省遂宁市物价局查处“茗泉圣水公司”桶装饮用水销售价格从原来8元/桶涨到10元/桶，散布“今天拉水的人很多，水很紧张，成都来一车一车的拉水，明天水就不好说了”等谣言，罚款1万元，责令立即恢复灾前价格。查处“爱心亭”和“家惠超市”、“大众水果店”饮用水涨价等违反规定行为，责令立即恢复原价。绵阳市物价局会同涪城区物价局对“阿富汗烧烤摊”将每桶3.5元康师傅方便面按每桶8元高价销售、某个体经营户将每瓶1元的矿泉水抬高到2元销售，分别被罚款160元。甘肃省成县物价局查处支旗富强帐篷经销部趁机涨价、销售77顶帐篷获取收入29800元的违法行为，责令该经销部立即恢复原价，没收违法所得，处违法所得3倍罚款的行政处罚。陇南市文县物价局对一家小笼包店涨价罚款1000元，对一家卖早点摊点涨价罚款500元。

6.3.6.2 行政协调处置

在中国近二十年中，宏观经济管理有过“压锭”“关闭小煤窑”，近期“去产能”等措施，牵涉到中央政府、地方政府、企业及员工等多方利益，这些都需要行政系统协调处置。

案例6–9　21世纪10年代中国去产能

近几年来，中国政府为了解决产品供过于求而引起产品恶性竞争问题，实施化解产能过剩政策，简称去产能。在具体操作上，属于典型的政府行为，行政手段。改革开放以来比较著名的去产能操作，还有20世纪90年代纺织行业限产压锭，3年压缩淘汰落后棉纺锭1000万锭，分流安置下岗职工120万人。本世纪初关闭整顿小煤矿等。

产能过剩日益严重的原因是多方面的，有国内外宏观环境的影响，有各方参与主体利益动机的影响，还有体制机制、管理方式、发展方式等深层次原因。

（一）国内外需求转弱使得产能过剩矛盾愈加凸显

（二）产业政策执行不坚决导致产能越减越多

（三）地方政府对过剩产能的暗地保护阻碍了产能削减

一、产能过剩的认定与决策

2014 年，中国工业总体产能利用率约为 78.7%，处于近 4 年来的较低水平，不少行业的产能利用情况令人担忧。据有关统计显示，中国有 19 个制造业行业产能利用率都在 79% 以下，有 7 个行业的产能利用率在 70% 以下，属于严重过剩状态。产能利用率过低的行业范围已经从钢铁、煤炭、水泥、电解铝等传统行业扩展到光伏、多晶硅、风电等新兴产业。

按照国际通行标准，产能利用率超过 90% 为产能不足，79%—90% 为正常水平，低于 79% 为产能过剩，低于 75% 为严重产能过剩。据此判断，目前中国工业总体处于产能过剩状态，部分行业已经属于严重产能过剩。

（一）主要产能过剩行业的状况

1. 钢铁行业

国际钢铁协会数据显示，2014 年中国粗钢产量高达 8.227 亿吨，占世界总产量的 50.0%；2015 年中国粗钢产量为 8.038 亿吨，下降 2.3%，近 30 年来首次出现下降。从产能利用程度来看，粗钢产能过剩是全球性问题，中国情况更严重，2015 年中国粗钢产能利用率仅为 67.0%，较 2010 年下降 15 个百分点，比全球平均水平低约 3 个百分点，处于严重产能过剩状态。

中国及全球粗钢产能利用率变化趋势表　（单位：%）

年份	中国粗钢产能利用率	全球粗钢产能利用率
2008	75.8	81.6
2009	81.1	70.8
2010	82.0	77.2
2011	79.2	80.1
2012	72.0	77.3

续表

年份	中国粗钢产能利用率	全球粗钢产能利用率
2013	72.0	76.8
2014	70.7	73.6
2015	67.0	70.0

数据来源：工信部、国际钢铁协会

2. 煤炭行业

据国家统计局和海关数据显示，2015 年，中国煤炭产量 37 亿吨，同比减少 1.7 亿吨。根据中国煤炭工业协会的数据，截至 2015 年底，全国煤矿总产能规模为 57 亿吨，煤炭行业产能利用率进一步下滑至 64.9%。全国已出现大面积的煤矿停产、限产，西南地区停产煤矿占 70%—80%，其中资源赋存条件好、煤质优、开采成本较低的内蒙古鄂尔多斯地区的煤矿出现一半左右的停产。

3. 水泥行业

统计局数据显示，2015 年全国规模以上水泥产量 23.48 亿吨，同比增速下降 4.9%，是 25 年来的首次负增长。水泥总产能达到 31.8 亿吨，产能利用率约 73.8%。中国水泥协会预计，如果在建、拟建项目全部建成，按照需求和产能比例测算，未来三年水泥产能利用率将进一步降低为 62.9%。

全国淘汰水泥落后产能任务下达量和完成量表 （单位：万吨）

年份	全国任务下达量	全国任务完成量	任务完成比例
2010	9155	13829	151%
2011	13355	15497	116%
2012	21900	25829	118%
2013	7345	10578	144%
2014	5050	8460	168%

数据来源：WIND 数据

（三）水泥行业

统计局数据显示，2015 年全国规模以上水泥产量 23.48 亿吨，同比增速下降 4.9%，是 25 年来的首次负增长；水泥总产能达到 31.8 亿吨，产能利用率约 73.8%，由于行业新增投资较快，整个行业的产能过剩仍在加剧。中国水泥协会预计，如果在建、拟建项目全部建成，按照需求和产能比例测算，未来三年水泥产能利用率将进一步降低为 62.9%。

全国淘汰水泥落后产能任务下达量和完成量表　（单位：万吨）

年份	全国任务下达量	全国任务完成量	任务完成比例
2010	9155	13829	151%
2011	13355	15497	116%
2012	21900	25829	118%
2013	7345	10578	144%
2014	5050	8460	168%

数据来源：WIND 数据

（四）平板玻璃行业

国家统计局数据显示，2015 年中国平板玻璃产量 7.39 亿重量箱，销量 5.25 亿重量箱，产出过剩 2.14 亿重量箱；平板玻璃总产能达到 10.87 亿重量箱，产能利用率仅为 67.99%。普通浮法玻璃产能过剩，优质浮法比率偏低，仅为 35%，玻璃的加工率仅为 40%，而世界平均水平约 55%，发达国家达到 80% 以上，这导致中国每年还要进口不少高科技玻璃产品。中国建筑材料联合会调查表明，全年全国浮法玻璃生产线冷修或关停数量达 42 条，行业停窑率从 2014 年的 16.3% 上升至 2015 年的 30.5%，全年全行业开工率不到七成。

中国平板玻璃有效产能和无效产能情况表　（单位：亿重量箱）

年份	平板玻璃有效产能	平板玻璃无效产能	无效产能比例
2005	3.92	0.21	5.1%
2006	4.54	0.28	5.8%
2007	5.36	0.12	2.2%
2008	4.99	1.04	17.2%
2009	5.84	1.07	15.5%

续表

年份	平板玻璃有效产能	平板玻璃无效产能	无效产能比例
2010	7.07	0.90	11.3%
2011	7.40	1.74	19.0%
2012	8.29	1.69	16.9%
2013	8.90	1.90	17.6%
2014	9.71	1.96	16.8%

数据来源：WIND 数据

（五）电解铝行业

2015 年，中国电解铝累计产量 3141 万吨，比上年减产达 500 万吨，占全部产能的 12% 以上，产能利用率约为 75.4%；2015 年全年主要铝加工企业平均开工率降至 77.4%，低于 2014 年 7.6 个百分点。从国际横向比较看，全球电解铝企业产能利用率为 79.6%，高于中国 4.2 个百分点。

（六）造船行业

但在全球造船业动荡调整的背景下，中国造船业产能过剩压力十分突出。2015 年，中国造船业三大指标两降一升，全国造船完工量同比增长 7.1%；新承接船舶订单量同比下降 47.9%；手持船舶订单量同比下降 12.3%。2015 年，中国造船产能利用率不足 70%，低于同期全球造船平均产能利用率 6 个百分点。中国船舶工业行业协会调查表明，国有船厂由于手握军工订单情况稍好，大多数中小型船厂开工率不足 30%。中国具有竞争优势的散货船需求量急速下降，而超大型原油船、超大型集装箱船、液化天然气船等双高船型在整个市场需求结构中所占比重明显提升，需求的结构性变化加重了行业产能结构性过剩程度。

（七）多晶硅行业

2012 年，在欧美对中国光伏进行双反调查的影响下，光伏行业陷入低潮，上游多晶硅产业也随之陷入需求减弱、产能过剩的局面。2012 年，全球多晶硅产能 42.9 万吨 / 年，而实际的产量和需求量仅为 23.6 万吨和 23 万吨，远低于产能水平；同期中国国内多晶硅产能为 20.1 万吨，实际产量、进口量和需求量分别为 6.3 万吨、8.2 万吨和 15 万吨，产能利用率 31.3%。可以说，国内多晶硅行业许多产能实际是落后产能和无效产能，致使每年有超过一半的需求通过进口来满足。2014 年起，随着国家政策扶持，光伏市场需求改善，多晶硅产品价格上升，多晶硅行业再次进入繁荣期，根据中国有色金属协会数据，2015 年国内多晶硅产量达到 16.9 万吨，总产能约 18.5 万吨，全年产能利用率达到 90.9%。因此，多晶硅行业属于典型的阶段性、结构性产能过剩行业。

二、去产能政策落实

由中国中央人民政府——国务院制定政策、部署各级政府实施。

主要目标是通过 5 年努力，化解产能严重过剩矛盾工作取得重要进展：

一是产能规模基本合理；二是发展质量明显改善；三是长效机制初步建立。按照企业主体、政府推动、市场引导、依法处置的办法，研究制定全面配套的政策体系。主要包括落实财税支持、不良资产处置、失业人员再就业和生活保障以及专项奖补等政策。

主要政策措施：一是完善行业管理，强化环保硬约束监督管理，坚决遏制产能盲目扩张，严禁建设新增产能项目。分类妥善处理在建违规项目，清理整顿建成违规产能。全面清理整顿，加强规范管理，坚决淘汰落后产能，引导产能有序退出。停止审批新增产能和禁止“未批先建”。在 3 到 5 年的时间里，钢铁行业去产能 1 亿至 1.5 亿吨，煤炭行业去产能 8 亿吨。

二是分业施策。对钢铁行业，重点推动山东、河北、辽宁、江苏、山西、江西等地区钢铁产业结构调整，整合分散钢铁产能，推动城市钢厂搬迁，优化产业布局。对水泥行业，加快制修订水泥、混凝土产品标准和相关设计规范，推广使用高标号水泥和高性能混凝土，尽快取消 32.5 复合水泥产品标准，逐步降低 32.5 复合水泥使用比重。对电解铝行业，2015 年底前淘汰 16 万安培以下预焙槽，对吨铝液电解交流电耗大于 13700 千瓦时，以及 2015 年底后达不到规范条件的产能，用电价格在标准价格基础上上浮 10%。对平板玻璃行业，制修订平板玻璃和制品标准和应用规范，在新建建筑和既有建筑改造中使用符合节能标准的门窗，鼓励采用低辐射中空玻璃，支持既有生产线升级改造，提高优质浮法玻璃原片比重。对船舶行业，提高海洋开发装备水平，加强海洋保障能力建设，充分挖掘航运、海洋工程、渔业、行政执法、应急救援等领域船舶装备的国内需求潜力，整优化船舶产品结构。

三是员工安置。在三到五年的时间内，中央财政拿出 1000 亿元的专项资金，以钢铁、煤炭等行业为重点对地方和企业化解产能过剩进行奖补。河北省针对财政专项奖补资金规定，钢铁、煤炭、水泥、玻璃、焦炭、火电六个行业去产能企业，可执行本省去产能企业职工安置政策。中央和省财政专项奖补资金可用于去产能企业为职工缴纳社会保险费、发放基本生活费、补缴失业保险费，企业可向人力资源社会保障部门申请转岗培训补贴。

四积极拓展对外发展空间，巩固扩大国际市场，扩大对外投资合作。借力“一带一路”战略，瞄准“一带”沿线蒙古、哈萨克斯坦等国家，“一路”沿线的泰国、印度尼西亚、越南、印度等国家，实现陆海统筹贯通，实现城市道路交通体系、附近沿海港口衔接，为产能过剩行业开展贸易和投资提供良好的交通运输网络等基础条件。

案例 6-10　S 市煤炭行业去产能

S 市是华东地区重点产煤区，煤炭资源丰富。本轮煤炭行业去产能前—2011 年底，辖区内共有煤矿 19 对，总生产能力 1772 万吨。

（一）关闭退出部分煤矿

2012 年起，S 市落实国家、省淘汰煤炭行业落后产能政策，制定小煤矿整顿关闭实施意见，成立以市长为组长的市煤矿整顿关闭和瓦斯集中整治工作领导小组，执行省经信委下达的煤矿关闭计划。共关闭退出小煤矿11对，淘汰落后产能97万吨，省、市拨付关闭退出专项资金9000万元，另有县区配套资金。

S市2012—2015年关闭退出煤矿情况表

序号	煤矿名称	关闭年份	产能（万吨）
1	许岗煤矿	2012年	6
2	柴山煤矿	2013年	6
3	永青煤矿		6
4	费村煤矿		6
5	戴村煤矿		6
6	曹村煤矿		5
7	忠辉煤矿		7
8	泉沟煤矿	2014年	15
9	永固煤矿	2015年	18
10	汉福矿业		11
11	贝尔矿业		11
产能合计			97

从表上可以看出，合计去产能97万吨。

（二）现存煤矿

S市是华东地区重点产煤区，截至2014年底，辖区内共有煤矿11对，总生产能力超过1600万吨。

S市2015年底实有煤矿表

序号	煤矿名称	产能（万吨）	建成时间	服务年限
1	芦 岭	230	1969年12月	66年
2	朱仙庄	245	1983年4月	72年
3	桃 园	185	1995年11月	96年
4	祁 南	300	2000年12月	58年

续表

序号	煤矿名称	产能（万吨）	建成时间	服务年限
5	祁东	240	2000 年以后	远期
6	钱营孜	385		
7	金黄庄	45		
8	龙王庙	45		
产能合计		1675		

从表上可以看出，保留产能 1675 万吨，占总产能约 94.4%，去产能约占 5.6%。

（三）去产能其他措施

对煤炭行业去产能，除关闭退出部分煤矿这一根本措施外，还实施了若干附配措施。

1. 自 2016 年起 3 年内，不再上报新建矿井和生产能力核增申请，优化煤炭工业结构，促进转型升级。

2. 严格规范煤矿生产经营秩序，督促煤矿提前做好减量化生产准备工作，投入正式生产后严格按照 0.84 系数重新核定产能。

3. 全年不超过 276 个工作日，法定节假日和周日不安排生产，且合理安排集中休班、集中检修。

从亚宏观经济管理看，去产能的本质是改变“$产能_i>需求_i$”为“$产能_i=需求_i$”，保留下来的企业能够正常经营、获利。从利益调整看，中央政府、地方政府、企业及员工的利益受损，或者说是付出，而收益是宏观经济优质运行，减低经济剧烈波动的风险。

后　记

今天，得以出版本书，我心甚慰。这是对我30年探索经济问题的总结。回望心路历程，感慨些许。1989年暑假，我按照学校要求开展社会调查，最后形成报告《如何解决“三农”问题》。以此肇始，我被经济吸引越来越深，我对经济越来越投入。

渐渐地，我把精力的最精华部分都用于经济研究，不管工作岗位在哪里，经济问题总是萦绕在我脑海，不舍昼夜。我探索我遇到的、我能想到的所有经济问题，我总希望能够从根本上、从理论上彻底地解决这些问题。大三时，我写了5000字的《里昂惕夫之谜初探》交给管理系的朱锡庆教授。2008年，到中国科大参加MPA学习，2009～2011年参加《宿州税务志》编纂工作，对写成本书都起到很大帮助作用。

唯物主义的影子，始终在我眼前，影影绰绰。仿佛触手可及，却又模模糊糊。我利用1992年的冬季，于1993年春天写出10000字《唯物主义的宏观经济运行提纲》。长期探索，艰难思考，万虑乃成。多方查证，现存学问有无相同相近研究；多面核实，本书结论是否正确；通过经济热点问题，检验结论有用性几何。

书中有些问题有待进一步解决、完善。经济增速计算式，其推导过程有待严谨。经济监测预警值设定，需要在管理实践中摸索。经济调控措施，其出手的时机，需要综合多方具体因素，相机决定。

在本书探索过程中，得到过许多人和机构的帮助，有主动的，有应求的，有直接的，有不知情的，在此一并深深感谢。

我把研究结果奉献出来，希望能为国家的宏观经济管理出一份力，为国家建设献一份微礼。